Ullstein Sachbuch

Ullstein Sachbuch
Ullstein Buch Nr. 34237
im Verlag Ullstein GmbH,
Frankfurt / M – Berlin – Wien
Aus dem Französischen übersetzt
von Inge Maresch

Für die Taschenbuchausgabe
neu eingerichtet

Umschlagentwurf:
Hansbernd Lindemann
Foto: Essen & Trinken

Printed in Germany 1984
Gesamtherstellung: Clausen & Bosse, Leck
ISBN 3 548 34237 X

September 1984

CIP-Kurztitelaufnahme der Deutschen Bibliothek

Gaertner, Pierre:
Die elsässische Küche / Pierre Gaertner; Robert Frédérick.
[Aus d. Franz. übers. von Inge Maresch]. –
Taschenbuchausg. – Frankfurt / M;
Berlin; Wien: Ullstein, 1984.
(Ullstein-Buch; Nr. 34237: Ullstein-Sachbuch)
Einheitssacht.: La cuisine alsacienne ›dt.‹
ISBN 3-548-34237-X

NE: Frédérick, Robert: GT

PIERRE GAERTNER
ROBERT FRÉDÉRICK

Die elsässische Küche

mit 31 Illustrationen

ULLSTEIN SACHBUCH

INHALT

Teil II Rezepte

EIN WORT ZUM GELEIT

Jede Landschaft in Frankreich ist stolz auf ihre eigene Küche. Die elsässische Küche aber zeichnet sich durch besondere Feinheit und Reichhaltigkeit aus. In ihr verbinden sich alte heimatliche Überlieferung und neues, im Lauf der Jahrhunderte erworbenes Können zu einer Koch- und Eßkultur hohen Ranges. Ihre Fisch- und Fleischgerichte, ihre Wurstwaren und ihre Süßspeisen – das alles gekrönt von dem elsässischen Wein mit seinem unvergleichlichen Bouquet – haben den Ruhm dieser Küche nicht nur durch Europa, sondern durch die ganze Welt getragen.
Wie kaum ein anderer kann Pierre Gaertner, der Chef des berühmten Restaurants »Aux Armes de France« (»Zum Wappen von Frankreich«) in Ammerschwihr, ein einstiger Schüler von Fernand Point, zusammen mit dem Elsässer Journalisten und Schriftsteller Robert Frédérick von dieser Küche erzählen: von ihrer Geschichte, von ihrer Tradition, von ihrer Zukunft.
In diesem Buch werden Rezepte der elsässischen Küche vorgestellt, die ohne besondere Schwierigkeit nachzukochen sind. An diesen Rezepten werden Sie Freude haben, weil in ihnen die Schlichtheit und die Liebenswürdigkeit dieser Landschaft zum Ausdruck kommen.
Den Verfassern dieses Buches gebührt der Dank all derer, die sich der Kultur des Essens und Trinkens verpflichtet wissen, die sich in unserer gehetzten Zeit noch ein Gespür für das bewahrt haben, was Lebenskunst im rechten Genuß der Dinge bedeutet.

Madame Fernand Point

VORWORT

Nirgendwo in Frankreich wird einfach nur gegessen, sondern überall versteht man es, »gut zu essen«. Alle französischen Provinzen verfügen über sehr alte gastronomische Traditionen mit einer Fülle von Fleischsorten und den ausgefallensten Nachspeisen. Vor allem aber beherrscht man die wertvolle Kunst, zum Beispiel das Spezifische eines Gemüseeintropfes hervorzuheben oder die Zartheit eines Fleischstückes zur Geltung zu bringen.

Einige Provinzen werden wegen ihrer hervorragenden und vollendeten Kochkunst besonders lobend erwähnt.

Zu diesen Provinzen gehört das Elsaß.

Drei Elsässer, jeder von ihnen ein leidenschaftlicher Vertreter seiner Kunst, möchten es Ihnen vorstellen.

- Pierre Gaertner, der die Ehre hat, der Küche des berühmten Restaurantes »Aux Armes de France« vorzustehen. Er errang mit ihm die höchsten Auszeichnungen. Sein ältester Sohn sucht nun die Tradition zu erhalten.
- Robert Frédérick, Journalist, Schriftsteller und Chronist der Gastronomie.
- Francis Lichtlé, Sohn eines Winzers im Herzen der Weinstraße und stellvertretender Archivar der Stadt Kolmar.

Der Wunsch der Autoren ist es, Sie zu einer Entdeckungsreise durch die Vielfalt der elsässischen Küche, aus der Sie sich einige Kostbarkeiten nachkochen können, einzuladen. Sie werden hier 200 Rezepte finden, die man erst richtig würdigen kann, wenn man die Atmosphäre des Elsaß mit seinen Fachwerkhäusern, seinen Weinstuben, in denen es vor Lebensfreude sprüht, den schachbrettartigen Gärten und seinen kräftigen Weinstöcken, die von den dunklen Tannen der Vogesen gesäumt werden, kennt.

EINLEITUNG

Die elsässische Ebene ist ein sehr reiches Land. Ihr kraftvoller Boden besteht aus Ablagerungen des Rheins, aus vom Wind mitgeführtem Staub und insbesondere aus dem fruchtbaren Löß.

In dieser rheinischen Tiefebene hat sich im Laufe der Zeit der Volksstamm der Elsässer niedergelassen. Trotz der Überfälle, der Kriege, der endlosen Militärschwärme, die je nach Kriegsglück hin und her durch das Land fluteten, machten die Elsässer einen Garten daraus, in dem zu allen Zeiten »gut gelebt« wurde. Aus der Vogelperspektive erscheint das Elsaß vor dem Höhenrücken der Vogesen wie ein gepflegter Garten, der sich um seine Dörfer ordnet.

»Es ist ein glückliches Land«, schrieb der Elsässer Victor Hugo. Das ist es dank seiner Zielstrebigkeit, seines Fleißes, seiner Unverdrossenheit auch in schlechten Zeiten, seines Vermögens der Integration unterschiedlicher Einflüsse. Als Mahlstein zwischen den beiden mächtigen Nachbarnationen und in religiösen Kämpfen um die Vorherrschaft von Katholiken oder Protestanten hatte das Elsaß extremste Belastungen zu bewältigen.

Man sagt, daß der Zusammenhang zwischen dem geologischen Aufbau eines Landes, der Struktur seines Bodens und seinem Klima den Charakter der Menschen formt. Die Art zu leben und zu arbeiten, die sich daraus ergibt, soll ihr Verhalten prägen, ihre Traditionen bestimmen, ihre Sprache, ihre Tracht wie ihre Legenden, bis hin zu ihren Träumen ...!

Das Elsaß ist ein Land der Ausgeglichenheit, eines gesunden Humors und einer durchaus epikureischen Philosophie, die man an der elsässischen Tafel schätzen lernt.

Die elsässische Küche Teil I

EIN GESCHICHTLICHER RÜCKBLICK

Die elsässische Küche im Mittelalter · Die Eßkultur des 16. und 17. Jahrhunderts · Das 18. Jahrhundert – Einflüsse der feinen französischen Lebensart · Das 19. Jahrhundert und die Belle Epoque · Die Zeit nach 1918 · Die gastronomischen Volksfeste im Elsaß

Im Jahr des Heils 1449, am St. Valentinstag, nahm Robert von Bayern als Bischof von Straßburg Besitz von seiner Residenz.
Nach dem Gottesdienst wurde ein reichliches Festmahl serviert, das drei Gänge mit jeweils fünf Gerichten enthielt.

Hier die Zusammenstellung:

1. Gang:
Weißkraut, Siedfleisch, Geflügelragout mit süßen Mandeln, Fisch in Aspik, Crèmedessert

2. Gang:
Wildschweinpfeffer, Hirschpastete, Caramelgrütze, buntes Gebäck, Mandelcreme

3. Gang:
Milchreis, Kapaunen, Hühner und Spanferkel, Geflügel- und Kalbfleischsülze, birnenförmiges Gebäck (Krapfen), Pflaumenmus

Dieses denkwürdige Festessen aus der Mitte des 15. Jahrhunderts erlaubt uns, Rückschlüsse auf die Eßkultur der Elsässer im Mittelalter zu ziehen und auf diese Weise bis auf die Anfänge der kulinarischen Tradition dieses Gebietes zurückzugehen.
In den Archiven gibt es nur wenig geeignete Quellen, die Aufschluß darüber geben, was damals gegessen wurde. Und sie betreffen meist nur die Adligen und den hohen Klerus. Von noch früheren Epochen wissen wir nur wenig, z. B. aus römischen Texten, die das Leben der Truppen, welche an der Grenze zu den Germanen im Elsaß Wache hielten, beschreiben. Dort heißt es: »Das Land der fetten und köstlichen Schweine« und »des schmackhaften Honigkuchens und des geharzten Weines«.

Die elsässische Küche im Mittelalter

Das Mittelalter ist für das Elsaß eine harte Zeit. Um den Horden von Plünderern und Söldnern zu entfliehen, müssen die Bauern oft alles stehen und liegen lassen und in die Berge flüchten. Außerdem herrscht oft Hungersnot, zum Teil klimatisch bedingt, zum Teil auch deshalb, weil die Ernteerträge überhaupt gering waren: pro Saatkorn erntet man nur 3 bis 10 Körner!

Das Brot ist die Basis der Ernährung. Es wird durch einige Gemüsesorten im Sommer sowie Erbsen, Bohnen und Linsen im Winter ergänzt. Fleisch gibt es wenig. Geflügel- und Schweinefleisch bleiben den Festtagen vorbehalten. Im Winter freut man sich, wenn man fetten Speck und mit Tannenholz geräuchertes, getrocknetes Fleisch bekommen kann.

Im Gegensatz dazu mußte das Essen während der Weinlese den in den Weinbergen arbeitenden Bauern wie ein ständiges Fest erscheinen. So bekamen die Arbeiter des Steuerhofes von Meywihr, der den Herzögen von Ribeaupierre gehörte, gegen Ende des 15. Jahrhunderts eine Mahlzeit aus Schwarzbrot mit Kraut und Rüben, Blutwurst und Innereien. Sonntags, dienstags und donnerstags servierte man ihnen Gerichte, von denen jedes »5 oder 6 Pfund Fleisch« enthielt. Ein »mittlerer Wein« war zum Frühstück recht, zum Mittagessen gehörte ein »alter Wein«. Als Fleischersatz gibt es eine Menge Fisch. Das Rheinwasser ist klar und frisch wie alle Flüsse aus den Vogesen. Die Fischerei ist frei. Man kocht die Fische in leicht gewürztem Wasser oder brät sie auf dem Holzkohlengrill. Im Laufe des 15. Jahrhunderts gab es in Straßburg ausschließlich aus Fisch zusammengestellte Mahlzeiten, die man »Fischmohl« nannte.

Die Mitglieder religiöser Genossenschaften, sowohl Geistliche als auch Laien, haben uns als die einzigen, die schreiben und lesen konnten, Auskunft über ihre Ernährung hinterlassen. Zum Beispiel beschreibt ein Urbar (Besitzbeschreibung)

des 12. Jahrhunderts die Speisen der Mönche in der Abtei Murbach im Tal von Guebwiller: täglich Roggenbrot, zwei Gläser Wein (drei im Frühling und Sommer), zwei Gemüsegerichte, eines mit Salz gewürzt, das andere, je nach Jahreszeit, mit Schweineschmalz oder Öl angerichtet. Außerdem Käse, den man in der Fastenzeit durch zwei Heringe ersetzte. Dicke Bohnen und Fische waren Hauptnahrungsmittel. Das Domkapitel von Straßburg (Weltpriester) aß viel besser: zwei Mahlzeiten am Tag mit Fleisch, Bier, Eiern, Brot und Honigkuchen. Ostern wurde gebührend gefeiert. Es gab: »Suppe, drei Portionen gekochtes, vier Portionen gebratenes Fleisch, Hähnchen, gespickten Lammbraten in Blätterteig, drei Brote mehr als üblich und dreimal soviel Wein«.
Die Tafel der Adeligen während dieser Epoche ist üppig und deutet auf den Beginn einer gehobenen Eßkultur. Im Jahre 1469 übergibt der Erzherzog Sigismond die Grafschaft Pfirt den Beauftragten Karls des Kühnen. Bei dieser Gelegenheit serviert man als Abendessen unter anderem: »... gekochte Elritzen, kleine halbierte Forellen blau, zwei Schalen mit Essig für die ganze Gesellschaft; gebratene Forellen und Forellen in Eiersoße.«

Die Esskultur des 16. und 17. Jahrhunderts

In dieser Periode entwickeln sich die Städte, und das Leben wird insgesamt leichter. Die Gastronomie gelangt zu ihren ersten Ehren. Anläßlich seiner Reise durch das Elsaß im Jahre 1580, schreibt Michel de Montaigne in seinem Reisetagebuch:
»In dieser Gegend gibt es kostspielige Gasthöfe, d. h. gemeinschaftliche Speiseräume ... Aber sie sorgen sich mehr um ihre Mahlzeiten als um die Räumlichkeit ...
Sie kochen ausgezeichnet, besonders Fisch. Ihre Eßgewohnheiten unterscheiden sich von den unseren sehr ... Sie ver-

dünnen ihren Wein niemals mit Wasser und haben gewissermaßen recht. Zu ihrem Fleisch nehmen sie nur zwei oder drei Beilagen; sie mischen verschiedene Fleischsorten zusammen, besser gewürzt und besser aufeinander abgestimmt als bei uns ... Eine Mahlzeit besteht aus 6 oder 7 Gängen zu je zwei Gerichten ...

Für die kleinste Mahlzeit braucht man drei oder vier Stunden. Sie essen viel weniger hastig und auch gesünder als wir. Sie verfügen über vielerlei Lebensmittel und Fisch und decken ihre Tische im Überfluß.«

Die ersten Kochbücher erschienen gegen 1580. Eines ist verfaßt von Anne Wecker, der Frau eines Arztes in Kolmar. Ein anderes ist das Werk eines Ordensmannes, Bernhardin Buchinger, Abt von Luzell: »Kochbuch für Klöster und für weltliche Häuser.« Das Buch beschreibt den wichtigen Rang von Suppen und Pürees aus weißen Bohnen, Gerste und Reis.

Der berühmte Straßburger Domprediger Geiler von Kaysersberg berichtet uns von einem »Bludermus«, zusammengestellt aus Bohnen, Erbsen und Gerste, Heringen und anderen Fischen! Erwähnt wird außerdem das »Trübelmus« oder »Brei der Weinernte«, ein Gericht aus gekochten Weintrauben.

Sicher ist, daß in dieser Epoche die bürgerliche, elsässische Küche einheimische und aus dem fernen Indien eingeführte Gewürze gebraucht und mißbraucht, um Fische und Fleisch »zu veredeln«. Erwähnt werden u. a.: Kapern, Minze, Basilikum, Rosmarin, Majoran, Thymian, Quendel, Nelken, Senf, Fenchel, Anis, Safran, schwarzer Koriander, Pimpernell oder deutscher Pfeffer und Bohnenkraut.

Während der Fastenzeit wird hauptsächlich Fisch gegessen: Karpfen, Schleie, Barsche, Aale, Plötze, Brasse, Hechte sowie Krebse, die in den Flüssen der Ebene und der Berge reichlich vorhanden sind.

Gérôme Guebwiller, Humanist der Renaissance, beschreibt

uns den Markt von Straßburg in dieser Zeit: »... Auf dem Markt wird eine Fülle von billigen und teuren Fischen angeboten. Die Reichen können dort ihre Schlemmergelüste befriedigen und die Armen ihren Hunger stillen. Viele der Lebensmittel, die es an diesem Ort zu kaufen gibt, sind überteuert und ihr Reiz verführt die kleinen Leute zu ruinösen Ausgaben.«

Wenn man vom Fleisch spricht, meint man in erster Linie Rindfleisch, Schweinefleisch und Geflügel. Wild bleibt in der Regel für die gehobene Klasse reserviert. Ein Küchenchef des 17. Jahrhunderts lehrt uns: »Der Fasan, das Haselhuhn und das Rebhuhn, in die Speisefolge aufgenommen, sind angenehm im Geschmack und gut für die Gesundheit. Aber nicht jeder, der will, kann davon essen. Wir lassen sie der Herrschaft und geben uns selbst mit Hausgeflügel zufrieden.«

Schweinefleisch, das unsere Vorfahren so oft aßen, wurde, sei es gepökelt, gesalzen oder geräuchert, mit verschiedenen Gemüsen, immer aber mit gesalzenem Kohl, dem Sauerkraut, gereicht. Abschließend ist noch zu erwähnen, daß Innereien und besonders Blutwurst viel gegessen wurden.

Einige »Ausgabenlisten« erwähnen phantastische Festessen,

die von den Reichsstädten für hohe Würdenträger veranstaltet werden. Der Bauer, der Handwerker und der Arbeiter aber essen weder so viel noch so gut. Die Landarbeiter und Holzfäller begnügen sich mit schwarzem Brot, Gemüse, Käse und Obst. Für sie bleibt Fleisch für die Festtage reserviert, Wein gibt es nicht.

Das 18. Jahrhundert – Einflüsse der feinen französischen Lebensart

Der 30jährige Krieg ist beendet und die elsässischen Gebiete sind der französischen Krone zugefallen. Das Land kommt unter königliche Verwaltung. Das alte Frankreich entdeckt die elsässischen Sitten und betrachtet sie mit einem gewissen Mißtrauen. So auch der Arzt Mauge, Autor einer »Naturgeschichte der Provinz Elsaß«:
»Die Nahrungsmittel haben die Eigenschaften des Klimas, in dem sie wachsen. Sie sind grob und zäh. Es gibt Spinat, Kohlrabi, gekochte und rohe Rüben, Bohnen, Erbsen, Reis, Gerste und alle Kohlsorten ...
Im Geschmack sind die Elsässer nicht wählerisch. Ihr Fleisch ist schlecht zubereitet, ihre Ragouts sind nicht schmackhaft, ihr Gebratenes ist trocken. Sie essen wenig Fleisch. Sie kochen eine Suppe aus einem oder zwei Pfund Rindfleisch, das einige Zeit in einem Topf voll Wasser herumschwimmt. Das Gemüse wird nicht gekocht. Es wird zu dieser Brühe auf einer Scheibe Brot gegessen. Da sie wenig gutes Fleisch essen, essen sie viel schlechtes ... Sie lieben den trockenen Braten, und er ist gewöhnlich lauwarm, wenn man ihn serviert, weil es Brauch ist, ihn im Vorraum zu lassen, während man den Salat ißt, der für sich allein den ersten Gang bildet ...«
Ein französischer Gastronom, Monsieur de l'Hermine, reiste zweimal ins Elsaß. Das erste Mal von 1674–76 und ein zweites Mal 1681. Auf dieser Reise wird er zu einer Hochzeit in

der Nähe von Altkirch eingeladen. Aber er hat keine gute Erinnerung daran. Er erzählt von einem Gericht aus Kohl und verschiedenen Rüben, Krapfen und Butterteigküchlein. Die hohen Verwaltungsbeamten, die Herren des Landes, sind Franzosen. Aber die Elsässer bewahren ihre kulinarische Identität, die sich im Sinne der Tradition, besonders bei den Saucen und dem gekochten Fleisch und Fisch, langsam verbessert.

Zu den gastronomischen »Versuchen und Entwicklungen« dieser Epoche gehört eine Spezialität, auf die die Elsässer mit Recht stolz sind: die Gänseleberpastete. Sie wurde in Straßburg gegen 1780 erfunden. Wir verdanken sie einem Koch aus Lothringen: Jean-Pierre Clause, damals im Dienst des Marschalls de Contades, Gouverneur des Elsaß. Clause stellte aus Teig erstmalig eine Pastetenform mit Deckel her und füllte sie mit einer Mischung aus Gänseleber, Kalbsstückchen und frischem, gehacktem Speck. Das Ganze wurde bei schwacher Hitze gebacken. Das Resultat war wunderbar. Eine dieser Pasteten wurde nach Versailles geschickt. Ludwig XVI. schätzte sie sehr. Während der Revolution schlug Nicolas François Doyen, Koch in Bordeaux, auf der Durchreise im Elsaß, Clause vor, seiner Gänseleberpastete Trüffel hinzuzufügen.

So erhielt die »Pastete von Contades« die Bezeichnung »Straßburger Gänseleberpastete mit Trüffeln aus dem Périgord«.

Im Laufe des 18. Jahrhunderts erobert die Kartoffel die elsässische Ebene und breitet sich, wenn auch mit einiger Verzögerung, in der Provinz aus.

Sie fällt auf fruchtbaren Boden. Verschiedene »Kräuterbücher« oder »Traktate über Botanik« berichten seit dem 16. Jahrhundert über ihren gewerbsmäßigen Anbau und ihren regelmäßigen Verbrauch in den Hochtälern der Vogesen.

Mittlerweile ißt man also besser im Elsaß, wie es viele Überlieferungen der Epoche beweisen. Das Elsaß entwickelt sich in gastronomischer Hinsicht zu einem »gesegneten Land«. Einerseits wurde Nutzen aus den Eßgewohnheiten der Franzosen gezogen, denen es sich anglich, andererseits profitierte es aus den Verbindungen mit dem anderen Ufer des Rheins. Küchenchefs und Rezepte kamen aus Worms, Köln, Trier und Heidelberg. Straßburg war für alle die »Stadt des guten Lebens«.

Das 19. Jahrhundert und die Belle Epoque

Hatte der Elsässer mittlerweile auch »gut Essen« gelernt, so blieb er doch immer »gemäßigt im Übermaß«: üppiges Essen bei den Zeremonien und Festen, aber ein einfaches Mahl in den normalen Zeiten.
Hier das von J. Sarger, Wirt im »Goldenen Lamm« zu Kolmar, zubereitete Essen für den Landwirtschaftlichen Wettbewerb in Kayserberg am 2. September 1868:

1. Vorspeise
Königinsuppe
Rinderfilet in Tomatensauce
feinste Blätterteigpastete
Hecht à la Chambord

2. Vorspeise
Grünkohl flämisch
Hasenpfeffer mit Brotröstern
Ente auf weißen Rüben
Rehkeule mit Pfeffersauce

Hauptspeise
Poularde von Mans
kalte Pasteten
Salate

Nachspeise
gemischtes Obstgelee
verschiedene Kuchen und Gebäckauswahl
Elsässer Wein

Ein anderes typisches Menü vom Ende des 19. Jahrhunderts wird bei Winzerfesten in Ammerschwihr und Ribeauvillé serviert:

Specksuppe
Geflügelcremesuppe
Auerhahn in Aspik
Halbgefrorenes mit Trester von Gewürztraminer
Forelle blau
Rehkeule in Wildsauce
Halbgefrorenes mit Champagner
gebratene Poularden
Rindfleisch in scharfer Soße
Salat
verschiedene Kuchen
Makronen
Elsässer Wein

Zur Unterstützung des Magens genehmigt man sich zwischen den Gerichten ein kleines Gläschen Schnaps, vornehmlich Traminertrester: »das elsässische Loch« zur Fettverdauung.
Diese für das Elsaß hauptsächlich deutsche »Belle Epoque« wurde in einem bemerkenswerten Buch von Charles Gérard, Anwalt in den Gerichten von Kolmar und Nancy, beschrieben. Es handelt sich um die im Jahre 1862 in Kolmar erschienene Veröffentlichung »Das alte Elsaß an der Tafel«, die im Jahre 1877 in Nancy neu herausgegeben wurde.

Die Zeit nach 1918

November 1918. Marschall Philippe Pétain zieht an der Spitze der französischen Armee in Straßburg ein. Er berichtet: »Im Elsaß verzehren sie eine Menge Würste und trinken Fässer Bier und flaschenweise Riesling und das schon seit 48 Jahren.«
Die Achtung der zentralen Macht in Paris für die elsässischen »Eigentümlichkeiten« war für das vereinigte Frankreich außergewöhnlich und begünstigte in der Folge die Entwicklung der Provinz: Industrialisierung und Modernisierung der Landwirtschaft, Bereicherung und Verbesserung des Lebensniveaus in allen sozialen Schichten, bei gleichzeitigem Fortbestand der ursprünglichen Tradition.
Das gute Essen bürgert sich ein: in den berühmten Restaurants vom Rhein bis zu den Vogesen und auf den tausend Familientischen, auf denen Gemüsetöpfe, Sauerkraut (Choucroute) oder Forellen einladend dampfen. Trotz der 5 NS-Jahre und ihrer Schrecken und Verwüstungen bleibt das Elsaß einig, geschlossen und besorgt um seine »drei B's«, le beau, le bien, le bon (das Schöne, das Edle, das Gute).
Die elsässische Küche überdauert auch die Internationalisierung der Kochkunst, die zur gleichen Zeit wie die Bemühung

um die europäische Einheit Mode wird. Straßburg, europäische Hauptstadt und internationale Metropole, kultiviert seine traditionelle Eßkultur. Noch deutlicher ist dieses Traditionsbewußtsein in Kolmar.
Im ganzen Elsaß, ob in der Ebene oder in den Bergen, in allen Familienküchen leben die alten Kochrezepte fort und werden noch verfeinert.
Vom Ufer des Rheins bis zu den Hochtälern der Vogesen bieten die Metzgereien hunderte Produkte an und strotzen von verführerischer Vielfalt. Die Bäckereien verwöhnen den Schlemmer mit unendlich vielen verschiedenen Brotsorten. Obwohl die Kuchen in den Konditoreien oft cremig sind wie die angelsächsischen Nachspeisen, sind sie immer mit Sorgfalt hergestellt und haben Duft und Geschmack.
Die kulinarische Tradition des Elsaß weist, um aufgeschlossen zu bleiben, keine ausländischen Produkte ab, greift aber im wesentlichen auf die Erzeugnisse des Landes zurück: Früchte der Felder und Gärten aus der Ebene, Spargel und Frühobst aus der Umgebung von Straßburg, einheimische Fleischsorten, Wild und, da der Lachs vor langer Zeit den Rhein verlassen hat und die »freien« Forellen sich in der Fecht und in den Zuflüssen der Thur oder der Bruch ständig verringern, Zuchtfische.
Jetzt, am Ende des 20. Jahrhunderts, hat die elsässische Küche zwar keinen Gipfel erreicht, denn alles läßt sich vervollkommnen, aber sie zeigt ein hohes Maß von Phantasie und Qualität.

Die gastronomischen Volksfeste im Elsass

Oberelsaß

April	Ammerschwihr	Weinmesse
24. Mai	Guebwiller	Weinmesse
8. Juni	Ribeauvillé	Kougelhupffest
Ende Juni	Orbey	Käsefest
28. u. 29. Juli	Riquewihr	Rieslingfest
4.–15. August	Kolmar	Weinmesse
18.–19. August	Gueberschwihr	Fest der »offenen Türen und Keller«
25. u. 26. August	Saint-Amarin	Bierfest
August und September	Kolmar	Sauerkrauttage
1. September	Ribeauvillé	Sängerfest
28. September – 7. Oktober	Mühlhausen	Oktoberfest
September	Riquewihr	Fest des »neuen Weins«
Ende Oktober	Münster	Pastetenfest

Unterelsaß

1. Mai	Molsheim	Großes Frühlingsfest regionaler Weinmarkt
17. Juni	Westhoffen	Kirschenfest
30. Juni	Grandfontaine	Heidelbeerenfest mit Johannisfeuer
7., 8., 13., 14. und 15. Juli	Markolsheim	Pastetenfest
8. Juli	Dambach-Stadt	Weinmarkt
8. Juli	Wangen	Weinbrunnen
12., 13., 14. und 15. Juli	Barr	Weinmarkt

29. Juli	Dambach	Weinfest – Winzerfest
4., 5., 11., 12. und 14. August	Dambach	Weinfest
August	Andlau	Forellenfest
19. August	Erstein	Zuckerfest
25. August bis 2. September	Hagenau	Hopfenfest mit gastronomischer Woche
1., 2. und 15. September	Geispolsheim	Sauerkrautfest
2. September	Mutzig	Bierfest
23. September	Brumath	Zwiebelfest
13., 14., 20. und 21. Oktober	Geispolsheim	Nußfest
7. Oktober	Barr	Winzerfest
13. und 14. Oktober	Molsheim	großes Weintraubenfest »offene Türen und Keller«
14. Oktober	Obernai	Winzerfest
21. Oktober	Marlenheim	Winzerfest
21. Oktober	Merkwiller-Pechelbronn	Dorffest der elsässischen Spezialitäten
10. und 17. November	Lipsheim	Tage der gesalzenen Rüben

DIE ELSÄSSISCHEN WEINE

Geschichte des elsässischen Weinbaus · Ein Jahrtausend der Expansion · Die schwarzen Jahre · Das 18. Jahrhundert – Zerfall der Ordnung · Das 19. Jahrhundert: Stagnation und Krise · Sechs Jahrzehnte unter deutscher Herrschaft · Nach der Rückkehr zu Frankreich · Der elsässische Weinanbau heute · Die Rebsorten · Altes und bis heute lebendiges Brauchtum: Die »Weinsticher« · Sankt-Stephans-Bruderschaft · Der »Pfifferdai« von Ribeauvillé · Der Pistolenwein von Obernai · Vom Keller auf den Tisch · Wie der elsässische Wein serviert wird · Die Jahrgänge seit 1945

Hier wächst ein angenehmer Wein an den von der Sonne beschienenen Hängen.

Mathias Ringmann Philesius
1482–1551

Der elsässische Wein trinkt sich sehr angenehm, und man erntet davon so viel, daß man ihn in die Schweiz, nach Bayern, nach Lothringen, nach Flandern und sogar nach England exportiert. Zwar gibt es auch zahlreiche andere Gegenden, in denen gleichfalls ein guter Tropfen gedeiht. Aber keiner vereinigt in sich alle diese Vorzüge, mit denen der elsässische Wein die Menschen erfreut.

Pierre Du Val, Königlicher Geograph
Beschreibung des Elsaß, 1662

Für jeden, der sich, wenn auch nur eines geringen gastronomischen Wissens rühmt, ist das Elsaß ohne seinen Wein unvorstellbar, besser gesagt, ohne seine Weine, da dieses Gebiet eine erstaunliche Vielfalt von Weinsorten aufweist.

Trotzdem hat es Zeit gebraucht, bis sich die elsässischen Weine im Inneren Frankreichs oder »jenseits des Rheins« durchsetzen konnten. Man behauptete, daß sie nicht lagerungsfähig seien. Außerdem schätzte man in Zeiten, in denen die vollen, mehr oder weniger gezuckerten Weine beliebter waren, ihre trockene Qualität wenig.

»Du weißt, daß ich den guten Wein liebe. Ich kenne nur elsässischen Wein, der nicht gezuckert wird und dennoch für den Gaumen angenehm ist« (Robert Browning).

Heute sind die Bauern dieses Weingebietes zufrieden, nachdem ihre Ansprüche endlich gesetzlich anerkannt sind und gesetzlich festgelegt wurde, daß der elsässische Wein nur an Ort und Stelle im Elsaß abgefüllt werden darf. Die Nachfrage steigt ständig. In Deutschland ist der Absatz im Jahre 1976 um 27 % gestiegen, fast ebenso in Großbritannien. Wenn man sie gewähren ließe, würden die immer unterneh-

mungslustigen und betuchten Amerikaner, die den Riesling und den Gewürztraminer bevorzugen, die Weinberge gleich mitkaufen.
Aber die Weinbauern hängen an ihrem Land und hüten es eifersüchtig. Trotzdem lassen sich seit einigen Jahren Deutsche, Schweizer und Belgier im Elsaß nieder.
Vom Norden nach Süden durchqueren drei Straßen das Elsaß. Die Straße durch die Ebene, entlang dem Rhein; die Weinstraße, die auf den Landkarten eingezeichnet und auf den gut ausgeschilderten Reisewegen leicht zu verfolgen ist; und die Käsestraße (siehe S. 76). Von diesen Straßen ist die mittlere, die der Hügel und Weinberge, unbestritten die schönste.

Geschichte des elsässischen Weinbaus

Der elsässische Wein, dessen Geschichte noch jung erscheint, hat sehr alte Ursprünge. Neue archäologische Untersuchungen haben ergeben, daß die Weinberge im Elsaß aus der prähistorischen Zeit stammen. Es handelte sich um einen wilden Wein, dessen Trauben und Saft den Bewohnern des Ortes als Nahrung diente.
Wuchsen diese wilden Weine seit jeher in der Rheinebene? Oder wurden sie von einer der unzähligen Völkerfluten, die in der Regel vom Osten, aus der ungarischen Tiefebene oder viel weiter, aus der mongolischen Hochebene kamen, eingeführt? Wir wissen nichts darüber.
Die Gallier kannten den Lambrusco, eine andere wilde Weinart mit kleineren Trauben und weniger süß. Mit Vorliebe ließen sie den Saft gären, kannten den Weinanbau aber noch nicht und wußten nicht, wie man den Wein lagert.
Als die römischen Legionen in Gallien einfielen, wurde nur im äußersten Süden des Landes, in der Narbonnaise, Wein angebaut. In der darauffolgenden Zeit unterhielten die Legi-

onen wichtige Garnisonen im Elsaß, um die nördlichen Gebiete des Reiches gegen die Germanen zu schützen. Der Wein, den die Patrizier und Offiziere schätzten, wurde in Amphoren herbeigeschafft. Diese Versorgungszüge waren lang, kostspielig und wurden oft von den Galliern aus dem Hinterhalt überfallen. Also ließ man Spezialisten aus Narbonne kommen, die die damals im Elsaß lebende Bevölkerung lehrten, wie man den Lambrusco anbaut und pflegt.
Im 5. Jahrhundert, als das Römische Reich unter den Schlägen der Völkerwanderung zusammenbrach, hat der elsässische Weinanbau bereits einen guten Ruf.
Auf Betreiben der Klöster weitet er sich dann aus. Im Jahre 509 rühmt Gregor von Tours die Qualität der Weine aus Marlenheim.

Ein Jahrtausend der Expansion

Im Laufe von zehn Jahrhunderten ständigen Wechsels von Krieg und Frieden, feindlichem Einfall und kulturellem Fortschritt entwickelt das Elsaß seinen Weinanbau in emsiger Arbeit.
Wir wissen wenig über die mittelalterliche Epoche. Doch schon seit dem hohen Mittelalter bezeugen uns Texte die Existenz gewöhnlicher Rebsorten, der »Hunischen Weine« neben den besseren Sorten der »Edelweine«. Die weißen Sorten überwogen, doch die Rotweinherstellung war nicht unbedeutend. Ein wichtiger Grund rechtfertigt diesen Arbeitsaufwand: Das Elsaß verkauft seinen Wein. Die seit dem Mittelalter übliche Ausfuhr der elsässischen Weine erreicht ihren Höhepunkt im 15. und 16. Jahrhundert. Nach dem Zerfall des Römischen Reiches, das tausenderlei unterschiedliche Produkte von Mittelasien und Tunesien bis Rom und sogar bis England frei zirkulieren gesehen hatte, wurde der Freihandel wieder aufgehoben und durch eine Staatswirtschaft ersetzt.

Jede Gemeinde suchte sich selbst zu versorgen. Erst mit der neuen Blüte der europäischen Städte erhielt der Handel wieder einen Aufschwung.
Aber vorher kam der Weinhandel in Gang durch die Erfordernisse des Gottesdienstes. Einige Abteien lagen in vom Weinanbau völlig unberührten Gebieten. Nun ist der Wein aber für die Messe unerläßlich ... Überdies: die Mönche kannten die Qualität dieses Getränkes und liebten es. Deshalb importierten die Klöster den Wein in Mengen. Um diesen Handel zu erleichtern, kauften sie elsässische Weinberge. Unter anderen waren es die Klöster von Fulda, St. Gallen, Etival, Reims und Saint Denis. Mit Lastwagen transportierten die Mönche die Weinfässer von den Weinbergen bis zu den »Mutterklöstern«, die dann gelegentlich eine Verteilung an die verschiedenen Filialen vornahmen.
Das Elsaß nimmt eine privilegierte Stellung als Handelsland ein. Es verbindet den Norden und Süden des westlichen Europas durch das Rheintal. Während des ganzen Mittelalters priesen die von den Niederlanden und von Skandinavien kommenden oder dorthin zurückkehrenden Pilger, die das Land nach Rom oder von dort kommend durchquerten, das Elsaß und die Qualität seines Weines.
Die Handelswege, über die der elsässische Wein transportiert wird, sind unterschiedlich. Seit der karolingischen Epoche sind die Schweizer traditionelle Käufer. Trotz der Konkurrenz durch die eigenen sowie die französischen und italienischen Weine versorgt das Gebiet von Kolmar einen bedeutenden Markt um die Städte Basel, Zürich, Luzern und Bern. Das nördliche Weinanbaugebiet um Straßburg verkauft seine Produktion nach Süden, von Regensburg und Nürnberg bis Breslau und sogar bis Wien und Prag. In der polnischen Stadt Krakau wurden Rechnungen über erfolgte Lieferungen gefunden. Dies ist ein unwiderlegbarer Beweis des ausgezeichneten Rufes, der dort mit dem der österreichischen und ungarischen Weine konkurrierte.

Der größte Teil des Weines aber »fließt«, auf Schleppkähnen verladen, den Rhein hinunter in den Norden Deutschlands. Über den Hauptumschlagplatz Frankfurt werden Hamburg und Leipzig beliefert, über den Handelsdrehpunkt Köln werden die Niederlande und England, wo der elsässische Wein als Wein aus »Aussay« oder »Osaye« geschätzt wird, versorgt.
In der Zeit der Hanse bestellte eine Stadt wie Lübeck z. B. eine große Menge Wein, um ihn im ganzen Ostseegebiet weiterzuverkaufen. So belieferte Lübeck Dänemark, Schweden und auch das Baltikum. Dort bestätigt ein lettischer Baron im Jahre 1416 in einem Brief an einen seiner preußischen Freunde: »Ich werde das beste Mahl meines Lebens einnehmen, begossen mit diesem Wein aus Elsatz, den ich aus Lübeck bestellt habe und ihnen empfehle, denn er paßt wie kein anderer zu Braten, Ragout und Wild.«
Ein anderer wichtiger Kunde der elsässischen Winzer ist Lothringen. Von überall bestellen sie: der Herzog von Nancy für sich und seinen Hof, die adeligen Familien aus dem Moselgebiet. Zahlreiche Fässer aus Ammerschwihr und Kaysersberg wurden von Klöstern und Abteien bestellt. Um bis Brabant und Luxemburg zu gelangen, mußte der Wein die Pässe des Bonhomme und von Saint-Amarin sowie die Zaberner Steige überwinden.
Zu Anfang des 16. Jahrhunderts schätzte man die Exporte, die die Grenze passierten, d. h., die über die Vogesen und den Rhein gelangten, jährlich auf zirka 58–100000 Hektoliter. Das bedeutete Wohlstand im ganzen Weingebiet. Die Innungen und die Bürgerschaften des Weinanbaus gewinnen immer mehr an Bedeutung. Das Lebensniveau der Winzer übertrifft eindeutig das der Bauern auf dem flachen Land oder aus den Bergen. Schon zeichnet sich die Weinstraße durch ihren Wohlstand aus.
Seit dem 16. Jahrhundert berichten die botanischen Traktate, die sogenannten »Kräuterbücher« mit größerer Genauigkeit

über gezüchtete Rebensorten. 1552 taucht der Muskat auf. Aber wir wissen aus Gemeindegesetzen, daß man im Elsaß bereits auch den weißen, roten und grauen Pinot (Klevner) züchtete. Bedeutende Anbauflächen wurden nach wie vor mit Naturreben, dem »Heunisch« bebaut.

Die schwarzen Jahre

Der Reichtum des Elsaß und seines Weinbaus setzte sich bis 1618, also bis zum Ausbruch des 30jährigen Krieges fort. Dann kam die Apokalypse. In Lothringen und auch in anderen vom Durchzug der Armeen betroffenen Rheingebieten wurden zahlreiche Städte und Dörfer völlig von der Karte ausradiert. Das Elsaß entvölkerte sich und verlor seine Kraft. Ein Beispiel: In der kleinen Stadt Ammerschwihr, im Herzen des Weinbaugebietes, wohnten zu Beginn des 30jährigen Krieges ungefähr 1300 Menschen. 1637 waren es nur noch knapp 200. Mehr als tausend waren zwischen 1633 und 1637 gestorben oder fortgezogen.

Der Bevölkerungsschwund brachte die Wirtschaft zum Erliegen. 1631 war die Hälfte des Kulturbodens um Ribeauvillé, einem weiteren wichtigen Weingebiet, unbearbeitet. Die Weinproduktion sank dadurch beinahe auf den Nullpunkt. 1636 bis 1645 verkauften die einst reichen Weingüter von Riquewihr nur noch ein Vierzigstel der ehemaligen Weinmenge (zirka 2000 l).

Die Weinexporte stagnierten. Weder Straßen noch Wasserwege waren sicher. Die Fuhrwerke wurden oft beschlagnahmt, ihre Fahrer zum Soldatendienst gepreßt. Das gleiche geschah mit Frachtschiffen auf dem Rhein.

Im Westfälischen Frieden, 1648, wurde das Elsaß der französischen Krone zugeteilt. Eine traurige Beute, die Provinz war verödet und ruiniert. Der Weinanbau allerdings wurde sehr schnell wieder aufgenommen. Der Export in den Norden war unmöglich, da Holland und Frankreich immer noch im Kriegszustand waren. Die Folgen dieser Ausfuhrbehinderung waren um so schwerer, da die Holländer vor dem Krieg die Zwischenhändler gewesen waren, die den Weiterexport nach Skandinavien übernommen hatten. Aus dem gleichen Grund war der englische Markt gesperrt. Die ehemaligen Käufer aus Deutschland und Lothringen hatten genauso wie das Elsaß wirtschaftlich und bevölkerungspolitisch genug mit sich selbst zu tun.

Das 18. Jahrhundert – Zerfall der Ordnung

Glücklicherweise bleibt die Schweiz ein treuer Kunde. 1725 exportiert das Gebiet um Kolmar insgesamt 30576 Maß Wein, wovon die Hälfte für die eidgenössischen Städte bestimmt ist.
Auch Süddeutschland bezieht wieder elsässischen Wein. Mit Fuhrwerken und Schiffen gelangt er nach Bayern, Schwaben und Österreich. Die Rheinschiffe transportieren die Fässer wieder nach Frankfurt und Köln. Aber der Handel mit dem Norden und dem Ostseegebiet ist immer noch blockiert, der mit Holland noch nicht wieder aufgenommen.
Am 18. August 1722 verbietet ein königliches Edikt den Holländern, sich mit Bauholz aus dem Elsaß zu versorgen. Wütend sperren sie jede Weineinfuhr.
1748 werden erstmals Zollverordnungen erlassen. Für den elsässischen Wein, einen der Hauptreichtümer und die große Hoffnung der Provinz, wurde der Anschluß an Frankreich teuer. Lothringen und Luxemburg nahmen zwar die Bestellungen in Kaysersberg, Ammerschwihr und Turckheim wieder auf, aber eine Ausdehnung des Geschäfts nach Westen war unmöglich: die Franzosen schätzten die äußerst trockenen Weine wenig. Überdies waren sie mit der Produktion der Champagne und der Bourgogne versorgt. Diese Schwierig-

keiten machten den Elsässern nicht unbedingt etwas aus: Wein wird jetzt überall angebaut, sogar in der Ebene.
Die Archive dieser Epoche bestätigen eine erstaunliche Entwicklung der Vielfalt der Rebensorten. Erwähnt wird der Heunisch, der Burger, der Olber, verschiedene Klevener, der Riesling, der Traminer sowie ein »Grostz Schlitzer«, der vermutlich aus Chasselas-Trauben gekeltert wurde. Auch ein Süßling wurde in verschiedenen Weinanbaugebieten angebaut.
Um diese Vermehrung der Rebenarten zu ordnen, erlassen zahlreiche Stadtverwaltungen Edikte, die darauf zielen, den Anbau der edlen Weinsorten auf Kosten der gewöhnlichen zu fördern.
Unter den vielen Dokumenten, die uns überliefert worden sind, gibt es eine Karte des Weingutes Weinbach in Kientzheim, das den Kapuzinern gehörte. Sie datiert aus dem Jahre 1750 und unterrichtet uns über die Vielfalt der auf einem großen Weingut angepflanzten Rebensorten:

3000 Fuß	»lieblicher Rotwein« (Rottraminer)
2000 Fuß	»Rotwein« (Burgunder)
3000 Fuß	»Muscat«
700 Fuß	»Riesling«
500 Fuß	»Tokayer« (Grauklevener) und »Chasselas«
7700 Fuß	»Räuschling«

Am 16. Januar 1731 verbietet ein Gesetz des Staatsrates, bestätigt durch einen königlichen Erlaß, alle neuen Weinanpflanzungen. Frankreich wollte die Ebene für die Getreideproduktion freihalten. Die zügellose Ausdehnung der Weinberge hatte auch eine zerstörende Wirkung auf den Zustand des Waldes der mittleren Vogesen außerhalb der Grenzen des ehemaligen Weingebietes. Der Kernbestand des Waldes erlitt ernsthafte Schäden durch den übermäßigen Verbrauch von Rebenpfählen aus Kastanienholz. Außerdem hat der Wein aus der Ebene eine schlechte Qualität, zum Nachteil des guten Weines der Hanglagen.

Dennoch kamen nach der Verkündigung des Gesetzes seine Bestimmungen nicht sofort zur Wirkung. 1766 muß Herr de Blair die königliche Anordnung aufs Neue in Erinnerung bringen und eine Strafe von 3000 Pfund auf Zuwiderhandlungen aussetzen. Festgelegt ist, daß das Verbot, neue Weine anzupflanzen, für das ganze Elsaß gilt.
Die Winzer bekamen daraufhin Angst. Nach dem Dreißigjährigen Krieg erreichte der Weinanbau nicht mehr das frühere Ausmaß. Die ehemaligen Weinberge waren in Wiesen und Kastanienwäldchen verwandelt worden. Also wollte man diese Parzellen für den Weinbau zurückgewinnen. Die Folge ist, daß die Dörfer aus ihren Nähten platzten. Man baute darum Scheunen und Ställe und Keller außerhalb der Mauern. Dafür nahm man Brachfelder und Wiesen als Rebland in Anspruch.
Allerdings muß man die Probleme des traditionellen Weinanbaus von denen der zügellosen Reblandvermehrung in der Ebene trennen. Trotz der Verbote und Ordnungsstrafen wurde der Wein in der Ebene immer mehr und mehr. Einige Jahre der Überproduktion führten zu einem katastrophalen Preisverfall.

Das 19. Jahrhundert: Stagnation und Krise

Die Explosion des Weinbaues in der Ebene bedingt paradoxerweise den Wohlstand im ersten Jahrzehnt des 19. Jahrhunderts.
Im Jahre 1803 bestätigt das Statistische Jahrbuch des Départements Oberrhein mit Bedauern, daß sich die mit Wein bepflanzten Flächen zum Schaden der Saatfelder ausbreiten. Es führt mit großer Genauigkeit alle in den Gebieten von Straßburg, Marlenheim und Obernai angepflanzten Rebensorten auf: die gewöhnliche weiße Traube, eine andere weiße Traube, *Oberlander* genannt, den *Olber*, den *Thalburger*, den

Tokayer (oder graue Traube), den weißen *Riesling*, eine schwarze, qualitativ gute Traube, den *Edelrother*, die *Farbtrauben* (eine schwarze Traube), den weißen und roten *Muskat*, den weißen und roten *Chasselas* (Süßling), den großen und den kleinen *Rischling*, der *Grauklevener* (eine rote Traube), die weißen und roten *Frauentrauben*.

Die Skala erscheint sehr umfangreich, aber in Wirklichkeit werden einige Rebensorten nur auf unbedeutenden Flächen angebaut. Überdies wird schon 1833 die Spezialisierung deutlich. Der Jahresbericht kennt nur noch folgende Sorten: den *Thalburger*, den lieblichen Rot- und Weißwein, den weißen und roten *Chasselas*, den *Riesling*, den *Tokayer*, die *Muskatweine*, den großen und den kleinen *Rischling* sowie die *Frauentrauben*.

Im Jahre 1808 erstreckt sich das elsässische Weingebiet über 23000 Hektar, 1822 über 29390 Hektar und 1828 über 30000 Hektar. 1812 war ein großes Jahr. Im Verwaltungsbezirk Kolmar wurden 290000 Hektoliter Wein hergestellt, wovon 116000 in das Ausland exportiert wurden. Die Schweiz, die badischen Länder, Württemberg, Bayern und andere deutsche Länder bleiben treue Kunden. Der Preis liegt zwischen 15 und 20 Francs pro Hektoliter. Außerdem verbrauchen die napoleonischen und dann im Jahre 1814/15 die ausländischen Armeen eine Menge Wein.

Trotzdem ist schon 1815 eine rückläufige Tendenz bemerkbar. Die Niederlage Napoleons läßt einen großen Teil des Umsatzes versiegen. Dann taucht selbst im Elsaß eine gefürchtete Konkurrenz auf: das Bier. Auf den Familientischen erscheint es immer mehr zu den traditionellen Gerichten, z. B. zum Sauerkraut. Außerdem wird es in den Gasthäusern ausgeschenkt. Seine Produktion verzehnfacht sich in wenigen Jahren. Zu guter Letzt werden zur Zeit der Restauration, um die französische Wirtschaft zu schützen, eine Reihe von Zollgesetzen erlassen, die eine schwere Last für das Elsaß sind.

Im Jahre 1821 erhöht Paris die Steuer auf die Einfuhr ausländischer Weine. Was wäre aus dem elsässischen Wein geworden, wenn z. B. der badische Großherzog das gleiche getan hätte? Wenn man vom Konsum der napoleonischen Armeen absieht, verkauft sich der elsässische Wein sowieso nicht in Frankreich und findet seinen Absatzmarkt nur jenseits der Grenzen.

Am 27. Juli 1822 erhöht Paris, ebenfalls um den französischen Markt zu schützen, die Steuer auf das ausländische Vieh. Es stellt sich heraus, daß die Länder, die den Hauptteil der bisherigen Viehimporte stellten, auch die besten Weinkunden sind. Die Schweiz und die deutschen Länder antworten mit der Erhöhung der Weinimportsteuer. Das ist eine Katastrophe. Als man die Ernte von 1828 einholt, liegt die Produktion des Jahres 1825 noch in den Kellern. Man weiß nicht mehr, wo man den Wein lagern soll. In Ammerschwihr bringt Adam, einer der größten Winzer, der 1810 5000 Hektoliter verkauft hatte, 1824 nur noch 2950 Hektoliter unter. Die Schweizer bestellen immer seltener, und diese doch traditionelle Ausfuhr zu den Eidgenossen hört 1850 völlig auf.

Unter dem Zweiten Kaiserreich ändert sich die Situation kaum. Das Elsaß wird vom mittelmäßigen südfranzösischen Wein überschwemmt. Die Steuer für den Import das elsässischen Weines ins Innere Frankreichs wird 1864 mit 70 Francs pro Hektoliter festgesetzt. Sie fiel dann wieder bis auf 35 Francs, aber ohne Wirkung auf das Geschäft. Denn das war selbst für den besten Wein noch zu teuer, da die ausländischen Weine, die Frankreich einführte, mit nicht mehr als 25 Centimes pro Hektoliter verzollt wurden. Auch Deutschland kehrte den elsässischen Produkten den Rücken zu. Alle Absatzmärkte waren ihm verschlossen. Die Raffiniertesten der Winzer fingen dann mit einem gewissen Erfolg an, in den benachbarten Gebieten Lothringens und der Franche-Comté Werbung zu machen, um sich nicht auf den lokalen Absatz beschränken zu müssen. Aber diese Einzelerfolge verdeckten die katastrophale Lage des Weinbaus nicht. Die Preise, die 1825 bis auf fünf, ja drei Francs pro Hektoliter gesunken waren, sind in der Zwischenzeit kaum gestiegen. Viele Familien aus dem Weingebiet sind am Weinbau nicht mehr interessiert. Das Elsaß glaubt nicht mehr an seinen Wein.

Sechs Jahrzehnte unter deutscher Herrschaft

1870: Die Annexion des Elsaß gibt den Winzern neue Hoffnung. Sie glauben, ihre Weine wieder in Deutschland verkaufen zu können, da das Elsaß jetzt eine Provinz des Kaiserreichs Wilhelms I. ist. So ein Pech: Die Deutschen trinken keinen Wein mehr! Ihr eigener Rheinwein reicht ihnen! Statt Wein trinken sie mengenweise Bier! Mit viel Mühe schafft es das Elsaß, je nach Qualität des Jahrgangs, zwischen 150000 und 170000 Hektoliter nach Deutschland zu verkaufen.

Außerdem beginnt Anfang 1880 die schwerste Krise in der Geschichte des elsässischen Weinbaus. Mehrere schlechte Jahre folgen aufeinander. Zur Absatzflaute kommen große Frostschäden. Aber es wird noch viel schlimmer. Etwa ab 1893 ist das Weinanbaugebiet, das sich noch über 24835 Hektar erstreckt, von Krankheiten befallen: der Mehltau, die Reblaus, verschiedene Pilzkrankheiten, die Kräuselmilbe, der Heu- oder Sauerwurm überfallen den Wein, überziehen ihn förmlich und verursachen enorme Zerstörungen, gegen die man kein wirksames Mittel hat. In ihrer Not organisieren sich die Winzer. Ein Spezialist für Weinbaukunde, Ch. Oberlin, leitet in Kolmar das Weinbauinstitut. Mit der Unterstützung einiger Winzer stellt er Forschungen an, in denen er versucht, die elsässischen Rebsorten mit europäischen Weinen, die fähig sind, den geheimnisvollen Krankheiten zu widerstehen, zu kreuzen. Die Kreuzung gelingt ihm zwar, aber die Weine sind von geringer Qualität. Ein anderer Spezialist, Paul Greiner, versucht Weine, die unempfindlich gegenüber

Pilzen und Schimmel sind, auf die alten Rebstöcke aufzupropfen.
Als 1914 der Erste Weltkrieg ausbrach, war der Weinbau in einem beklagenswerten Zustand. Die Experten lagen sich in den Haaren. Jeder verteidigte seine Therapie.

Nach der Rückkehr zu Frankreich

Die jungen Winzer, die 1918, entlassen aus der deutschen Armee, ins Elsaß zurückkehren, finden eine katastrophale Situation vor. Jeglicher Weinbau ist zerstört. Nur einige, von Ch. Oberlin gezüchtete Kreuzungen haben sich als resistent erwiesen. Besonders eine rote Kreuzung: die Oberlin 595.
Mit ihr glaubt man gewonnen zu haben, aber 1921 ist plötzlich alles wieder in Frage gestellt. Die Rebensorte Oberlin 595 liefert nur einen mittelmäßigen Wein, der mit den französischen Rotweinen nicht konkurrieren kann. Sie werden zu einem niedrigen Preis verkauft und in enormen Mengen im Languedoc, der einstigen römischen Provinz »Gallia Narbonnensis«, mit der der elsässische Weinanbau schon seit 2000 Jahren in Verbindung steht, produziert. Im Gegensatz dazu sind die traditionellen Rebensorten, die nach der Methode von Paul Greiner aufgepfropft wurden, gesund und liefern ausgezeichnete Weinsorten von hoher Qualität. In ihnen sind die gewohnten Geschmacksnuancen des elsässischen Weines zu finden.
Jetzt kann das Unheil abgewendet werden. Im Jahre 1925 entscheidet die Winzergenossenschaft, den Weinbau mit den aufgepfropften Weinsorten wiederaufzunehmen. Das traditionelle Rebensortiment wird wieder angebaut. Um der starken Konkurrenz durch die anderen Weinbaugebiete Frankreichs entgegentreten zu können, wird die Zahl der Sorten reduziert.
Wie aus den Berichten von 1925–1930 hervorgeht, teilen sich

der Sylvaner, der Gutedel und verschiedene Sorten des Chasselas in zwei Drittel der angebauten Fläche. Das restliche Drittel wird mit Edelsorten bepflanzt: Riesling, Muskat, Pinot und Traminer. In einigen Dörfern baut man auch den Tokayer und den Knipperle an.

Nachdem das Qualitätsproblem gelöst ist, gilt es den Handel mit den elsässischen Weinen wieder zu beleben. Seit 1920 gründet ein Dorf nach dem anderen seine Winzergenossenschaft, mehr als ein Dorf organisiert Winzerfeste. Die Öffentlichkeit wird durch Mundpropaganda auf den elsässischen Wein aufmerksam gemacht. Man versucht auch die Franzosen zu interessieren.

1922 führt Ammerschwihr sein Weinfest ein. Kolmar, das schon seit 1904 daran gedacht hatte, mußte das Ende des II. Weltkrieges abwarten, um diesen Wunsch zu realisieren. Die erste regionale elsässische Weinmesse wird am 1. Juni 1948 von Präsident Pierre Pflimlin, Bürgermeister von Straßburg und Landwirtschaftsminister, eingeweiht.

Diese alljährliche Veranstaltung hat sich schnell durchgesetzt. Sie ist heute der Hauptumschlagplatz für den elsässischen Wein. Außer den Großeinkäufern aller Nationalitäten zieht sie eine Menge Touristen an, die von den Weinproben und dem Festprogramm nach Kolmar gelockt werden.

Der elsässische Weinanbau heute

Gegenwärtig hat sich der elsässische Weinbau auf eine festgelegte Anbaufläche und ein bestimmtes Sortenangebot eingependelt. Je nachdem, wo er angebaut wird, gedeiht er in sehr unterschiedlichen Qualitäten. Von Marlenheim im Norden bis Rouffach im Süden lösen sich Schiefer- und Sandsteinböden mit Muschelkalk und Mergel und anderen Mischböden ab. So entstehen, je nach Anbaugebiet, Weine mit besonderen Eigenschaften. Der »Brand von Turkheim« z. B., ein schwarzer Pinot, zieht seine Qualität aus Sandböden. Zur Erinnerung an die Heldentat eines Einheimischen in der Zeit der Kreuzzüge wird er »Türkenblut« genannt. Ein weiterer Sandbodenwein, der gerne zu Kopf steigt, ist der »Rangen« aus Thann.

Die Abhängigkeit des Weines von der Bodenart und die oft sehr kleinen Anbauflächen, die in einigen Orten manchmal nur über eine Fläche von wenigen Ar gehen, haben bisher jede Flurbereinigung verhindert. Im Elsaß wird auf 10400 Hektar Markenwein angebaut (A.O.C.: Appellation d' Origine Contrôlée; diese Qualitätsbezeichnung führt der elsässische Wein seit 1962, nachdem das Elsaß für seine Weine dem staatlichen Institut für Herkunftsbezeichnungen beigetreten war). Das ganze Gebiet erstreckt sich über eine Fläche von 100 km Länge und maximal 4 km Breite längs der Nationalstraße 4 von Thann im Süden bis Marlenheim westlich von Straßburg. Bemerkenswert ist auch eine kleine Enklave bei Kleebourg, südlich von Wissembourg im Norden. Sie ist Überbleibsel eines alten Weinberges und stellt die Grenze zu den pfälzischen Weinbergen in Deutschland dar.

Dieses Weinanbaugebiet gehört fast ausschließlich 7500 Unternehmern, von denen nur 1000 hauptberuflich Winzer sind. Die familiäre Struktur der Betriebe sichert durch gewissenhafte und kontinuierliche Arbeit gleichbleibende Qualität und Lagerung. Die Arbeit wird nicht durch beschränkende und bürokratische Genossenschaftsverordnungen behindert. Die Zusammenarbeit auf allen Gebieten wird unter Freunden geregelt, indem man sich einen Traktor ausleiht oder Absatzmärkte teilt, und basiert auf Nachbarschaftshilfe. Dieses System hat Erfolg: Von einer mittleren Jahresproduktion von 800000 Hektolitern werden mehr als ¾ in Frankreich verkauft, zum Teil wurde sie da durch Großhändler in viele fremde Länder exportiert. In den letzten 20 Jahren hat sich der elsässische Wein in einem Dutzend neuer Länder, darunter sogar Portugal und Griechenland, durchsetzen können.

Ein schöner Erfolg, wenn man bedenkt, daß dies selber bedeutende Weinländer sind.
Von der französischen Gesamtproduktion sind 10% der »Appellation Contrôlée-Weine« für das Elsaß eingetragen. Im Elsaß selbst macht der Anteil des eigenen Weins beim Konsum zu Hause 40%, in Bars, Cafés und Restaurants 80% aus – ein bedeutender Posten. Bemerkenswert ist weiterhin: Am 5. 7. 1972 wurde gesetzlich festgelegt, daß die Abfüllung des elsässischen Weins nur im Elsaß und nur in die charakteristischen »Flöten« erfolgen darf.
Infolge ihrer Qualitätsverbesserung haben die elsässischen Weine neben den großen Bordeaux-Weinen in den letzten Jahren besonders zugelegt: 250–300% Produktionszuwachs zwischen 1970 und 1972. In der gleichen Zeitspanne ist der Absatz von 4 auf 10% gestiegen. Um der steigenden Nachfrage gerecht zu werden, haben die 400 elsässischen Winzergenossenschaften mit Zustimmung der Behörden beschlossen, die Anbaufläche um 2000 ha zu erweitern.
Diese 2000 ha stellen 20% der Gesamtnutzungsfläche dar.
Um den Vorschriften über die Herkunftsbezeichnung gerecht zu werden, mußte die Erweiterungsfläche innerhalb der Grenzen des jeweiligen Gebietes liegen. Die ersten 1000 ha wurden 1974, der Rest in einem Fünf-Jahres-Plan (50 ha pro Sorte und pro Jahr) bepflanzt.
Dabei galt das Gebot: edle Rebensorten und Qualitätsverbesserungsmaßnahmen. Und entsprechend das Verbot: keinen Chasselas!

Die Rebsorten

Als einziger Wein in Frankreich ist der Elsässer nicht unter dem Namen seines Herkunftsortes, sondern unter dem der Rebsorte im Handel.
Die meist verbreitete Rebsorte ist heute der *Sylvaner* (27%

der Produktion). Seine berühmtesten Weine kommen aus den Marlenheimer Weinbergen.
Der *Weiße Chasselas* und sein *Rosé* folgen mit 17 %.
Der *Gewürztraminer*, der wegen seiner Fruchtigkeit viele Freunde hat, erreicht 20 %. Er ist vor allem als Apéritif oder zum Nachtisch geeignet. Die Gewürztraminer aus Mittelbergheim, Heiligenstein und Barr sind mit Recht berühmt.
14 % macht der »König« der elsässer Weine aus, der *Riesling*. Der beste wächst in dem Gebiet zwischen Ammerschwihr

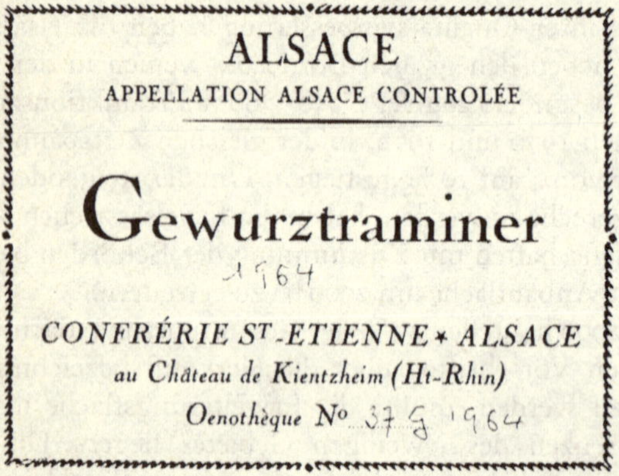

und Ribeauvillé, bei Mittelwihr, Riquewihr, Sigolsheim, Zellenberg und Hunawihr.
Der Rest der Produktion teilt sich in den *Tokayer,* dessen elsässische Rebsorten nicht original ungarisch sind, den *Muscat* und den *Pinot noir* und *Pinot blanc.*
Wenn man von einigen Rotweinen oder Rosés, dem *Rosé Chasselas* und dem *Pinot noir* absieht, sind alle elsässischen Weine weiß und trocken.
Die *Zwicker* und *Edelzwicker* bestehen aus einer Mischung verschiedener Rebsorten und gehören daher nicht zu den »reinen Elsässern«. Ihre Qualität ist geringer und variiert von Jahr zu Jahr.

Ausnahmsweise dürfen einige elsässische Weine nach ihrer Rebsortenbezeichnung auch den Herkunftsort bzw. die Lage angeben. Das ist z. B. der Fall bei einigen Winzern des edlen Dreiecks Ammerschwihr, Riquewihr und Turkheim, die ihre Weine z. B. unter den Namen *Riesling »Kaefferkopf«, Gewürztraminer »Brand«, »Eichberg«, Riesling »Schoenenburg«* verkaufen. Ähnlich es ist mit dem *»Sonnerglanz«* von Beblenheim.

Altes und bis heute lebendiges Brauchtum: die »Weinsticher«

Die elsässischen Weine haben ihre Verkaufstraditionen und sind niemals wie die anderen europäischen, die französischen, italienischen, spanischen und griechischen Weine gehandelt worden. Der Weinhandel untersteht sehr genauen Regeln, die aus dem Mittelalter überliefert sind und sich an den Urteilen von Weinkennern orientieren. In dieser Epoche war der Weinhandel nicht frei. Die Verantwortung dafür trug ein Weinkenner, der als Mittelsmann zwischen Verkäufer und Käufer diente. In jeder elsässischen Stadt, jedem Dorf, gab es, ja nach seiner Bedeutung, einen oder mehrere namhafte Weinkenner, die vom Gemeinderat ernannt waren und die ihre Geschäftsbücher überaus gewissenhaft führten.
Diese Praxis hatte ihre Vorteile. Sie ersparte dem Winzer die Arbeit mit dem Vertrieb und dem Export der Weine, so daß er sich ganz dem Anbau und der Lagerung seiner Produkte widmen konnte. Der Weinkenner übernahm den Verkauf. Er war das »Aushängeschild«. In der Regel bewirtschaftete er eine Herberge oder ein Gasthaus, das ihm, im Interesse eines zukünftigen Geschäftes, ermöglichte, eventuelle Käufer im Restaurant oder in der Unterkunft psychologisch vorzubereiten.
Der Weinkenner konnte sich bei jedem Winzer über seine

Verkaufsmöglichkeiten, über jedes Gewächs und seine erwartete Qualität erkundigen. Er verzeichnete alle Verkaufsoperationen mit Angabe der Menge, der Preise, dem Namen des Käufers und dem Namen des Verkäufers. Durch diese Bücher wissen wir heute so genau über die Geschichte des elsässischen Weinbaus Bescheid. Wenn ein Schweizer, Deutscher, Franzose oder auch ein Elsässer aus der Stadt Wein kaufen wollte, führte ihn der Weinkenner, der »Weinsticher« von Keller zu Keller und ließ ihn bis zur definitiven Wahl alle Sorten probieren.

Wie man sich denken kann, war dieser Dienst nicht umsonst. Es gab zwei Zahlungsarten:

– Der »Stichwein« bestand aus einem Humpen von ca. zwei Liter Wein. Er wurde direkt aus einem Faß mit ca. tausend Litern entnommen. Er ging zu Lasten des Verkäufers.

– Das »Stichgeld« war örtlich und zeitlich unterschiedlich. Im Gebiet von Kolmar z. B. betrug es am Anfang des 18. Jahrhunderts dreizehn Sols und vier Heller für jedes Geschäft. Ein Drittel hatte der Käufer, zwei Drittel der Verkäufer zu bezahlen.

Die Rolle des »Weinstichers« war zu Ende, wenn der Käufer seine Wahl getroffen hatte und die Bestellung aufgab. Dann schalteten sich andere »Amtspersonen« ein:

– Der vereidigte Böttcher, der darüber wachte, daß die Fässer nicht ausliefen und der sie eventuell verstärkte, damit sie auf dem Transport keinen Schaden erlitten. Er wachte, wenn eine Umfüllung notwendig war, auch über das Eichmaß.

– Der »Weinträger« oder »Leiterer« hatte die Aufgabe, den Wein in einer Kiepe vom Verkaufsort zum Fuhrwerk zu transportieren. Wenn der Käufer nicht selbst Eigentümer eines Fuhrwerks war, konnte er es auch mit Fuhrmann mieten. Jeder dieser Wagen konnte mehrere Fässer mit einem durchschnittlichen Fassungsvermögen von ca. 600 Litern transportieren.

– Die Aufgabe der »Spanner« war es, darauf zu achten, daß

die Fässer mit Stricken oder Ketten festgemacht und auf Strohballen gelegt wurden, um die Stöße, die durch den schlechten Zustand der Straßen hervorgerufen wurden, abzudämpfen.
Der Käufer brauchte nur noch abzufahren. In unseren Tagen werden diese Bräuche kaum noch durchgeführt, aber einige Dörfer haben sie dennoch erhalten wie Ammerschwihr und Turckheim.

Die Sankt-Stephans-Bruderschaft

Im Elsaß gab es während zwei oder drei Jahrhunderten eine Anzahl angesehener Gesellschaften, insbesondere in allen Winzerdörfern. Eine von diesen, die Sankt-Stephans-Bruderschaft, hat als Schiedsstelle für gutes Essen und Trinken überlebt.
Im Jahre 1561 erkennt die Gemeindeordnung von Ammerschwihr die »Herrenstubengesellschaft« (»Société des notables«) an. Ihre Aufgabe besteht darin, die Qualität der Weine zu kontrollieren, für die ein Verkaufs- und Exportrecht beantragt wird.
Gegen 1780 wird diese »Gesellschaft der Notablen« von Ammerschwihr zur »Sankt-Stephans-Bruderschaft«. Diese Namensgebung erfolgte, da das Jahresbankett der Gesellschaft einen Tag nach Weihnachten, am Stephanstag, stattfindet.
»Keiner kann Mitglied der Sankt-Stephans-Bruderschaft werden, wenn er nicht die Freude, das gute Essen und den elsässischen Wein liebt«. So lautet Artikel 1 der Statuten.
Der gewählte Großmeister und der Zahlmeister nehmen die Prüfungen, denen die Bewerber sich unterziehen müssen, um Mitglied der Bruderschaft zu werden, ab:
– Zu Beginn eine einfache Weinprüfung. Der Bewerber muß zwischen einem einfachen, einem feineren und einem auserlesenen Wein unterscheiden können. Wenn ihm das ge-

lingt, wird er in das Register der Bruderschaft unter seinem Namen und dem Titel eines »Bruderlehrlings« eingetragen. Die Lehrzeit dauert mindestens ein Jahr.

– Die zweite Stufe, die den Aufstieg zum »Brudergesellen« ermöglicht, kann durch die Unterscheidung von vier auserlesenen Rebsorten, dem Riesling, dem Gewürztraminer, dem elsässischen Tokayer und dem Muskat, erreicht werden.

– Nach einer Gesellenzeit von einem Jahr kann der Kandidat nach Bestehen einer dritten Prüfungsserie den Titel des Meisters erwerben. Er muß fähig sein, die elsässischen Weine zu erkennen und alle Sorten zu unterscheiden.

Die Mitglieder des Großen Rates haben das Recht, einen roten Umhang zu tragen, je nach ihrem Rang mit einer blauen, roten oder grünen Schärpe. Die Brüder und Schwestern der drei Grade Lehrling, Geselle und Meister tragen nur das blaue, rote oder grüne Ordensband, die Mitglieder des Vorstandes einen schwarzen Dreispitz.

Nachdem sich der Bund gegen 1848 aufgelöst hatte, wurde er 1951 (in Ammerschwihr 1947) wieder in seine Rechte eingesetzt. Der Orden residierte lange Zeit in Kolmar. Im Frühjahr 1977 bezieht er das restaurierte Schloß von Kientzheim. Dort befindet sich auch ein elsässisches Weinbaumuseum.

Nach jahrzehntelanger Vergessenheit hat die Bruderschaft zusammen mit dem elsässischen Wein seit 1947 eine neue Blüte erreicht. Jedes Jahr organisiert sie verschiedene Festlichkeiten: am dritten Samstag im Juni ein Festkapitel im Weinberg; ein Generalkapitel im Schloß von Kientzheim, das den Mitgliedern beider Räte vorbehalten ist; eine offizielle Weinprobe mit dem Wein des vergangenen Jahres, zu der jeder, der zu den Freunden des elsässischen Weines zählen will, kommen darf.

Die Sankt-Stephans-Bruderschaft hat ihre Bedeutung in unserer Zeit durch die sorgfältige Beurteilung der Qualität der elsässischen Weine und der elsässischen Gastronomie.

Sie stiftete 1957 das Weinsiegel (sigille), eine Auszeichnung von hohem gastronomischem Wert, die jedes Jahr den besten Weinen der letzten Saison verliehen wird. Das Weinsiegel berechtigt den Gewinner, auf den Flaschen des prämiierten Weines ein goldenes Band anzubringen. Es wird der Länge nach um den Flaschenhals geklebt und endet im roten Siegel der Bruderschaft unter dem Etikett. Diese Auszeichnung ist wertvoller als alle anderen.

Der »Pfifferdai« von Ribeauvillé

Während der großen Weinfeste, die den »Pfifferdai« oder »Tag der Pfeiffer« umrahmen, fließt tatsächlich eine Weinquelle auf dem Platz vor dem Rathaus.
Diese Feierlichkeit erinnert an die Zeit, als an jedem 1. September die Zunft der wandernden Musikanten dem Herren von Ribeaupierre huldigte.

Der Pistolenwein von Obernai

Im 16. Jahrhundert besucht ein Kaiser, Ferdinand oder Maximilian II., Obernai. Es findet ein Empfang im Rathaus mit Ehrenwein, der sehr gelobt wird, statt. Plötzlich ruft der Stettmeister (Bürgermeister):
»Dieser Wein ist sehr gut, Sire, aber wir haben besseren, den wir für uns behalten.«
Während nun alles darauf wartet, den Zorn des Kaisers über sich ergehen lassen zu müssen, lächelt dieser nur, nimmt zwei Pistolen aus dem Gurt eines Gardesoldaten und reicht sie dem Bürgermeister:
»Nimm diese zwei Pistolen, und wenn du in dieser Welt einen größeren Lümmel als dich findest, kannst du ihn ruhig erschießen.«
Die Überlieferung erzählt nicht, ob der Prahlhans die Pistolen benutzen konnte, aber seitdem heißt der beste Wein aus Obernai: Pistolenwein.

Vom Keller auf den Tisch

In der Vorweihnachtszeit, der Zeit des »neuen Weines«, gehen die Winzer oft in die Keller, probieren den Wein Sorte für Sorte und überprüfen den Stand der Gärung. Ich habe bei dieser Gelegenheit die kritische Prüfung und das zufriedene Lächeln meiner Winzerfreunde beobachten können und weiß daher, daß es für sie eine ernsthafte Arbeit ist, auf die sie ihre ganze Sorgfalt richten.

Der Kellerkalender

Ende September oder Anfang Oktober holt man die Trauben ein, keltert und preßt sie. Man lagert sie in einem Faß. Der Saft wird 24 Stunden lang abgeklärt, d.h., der Traubensaft wird von Rückständen getrennt.
Es folgt eine Behandlung gegen Oxydation. Anschließend wird der Wein gegoren.
Die erste Umfüllung findet im Januar statt, wobei der Bodensatz entfernt wird. (Er wird oft aufbewahrt und zur Destillation von Alkohol verwendet.) Um alle Unreinheiten zu beseitigen, wird der Wein gefiltert.
Im Frühjahr füllt man den Wein in Flaschen. Jetzt ist er fertig zum Verbrauch.

Die Flasche

Die bekannte Flasche, schlank mit einem langen, dünnen Hals, im Elsaß die »Flöte« genannt, wurde erst im Jahre 1930, durch eine Verordnung vom 15. Februar, in dieser Form festgelegt und anerkannt.

Das Weinglas

Das Frauenhaus-Museum in Straßburg stellt unter seinen Hauptwerken ein Gemälde von Stoskopff (1597–1657), betitelt »Korb mit Gläsern«, aus. Dieses Bild beweist, daß schon damals Weingläser im Elsaß benutzt wurden. Die Form scheint von kleinen Kristallschleifern erfunden worden zu sein. Sie war von den Mitgliedern des hohen Klerus, insbesondere aus Worms, gewünscht worden, weil sie die Reinheit des Weines und seine besondere Klarheit besser zur Geltung bringt. Im Verlauf des dann folgenden Jahrhunderts

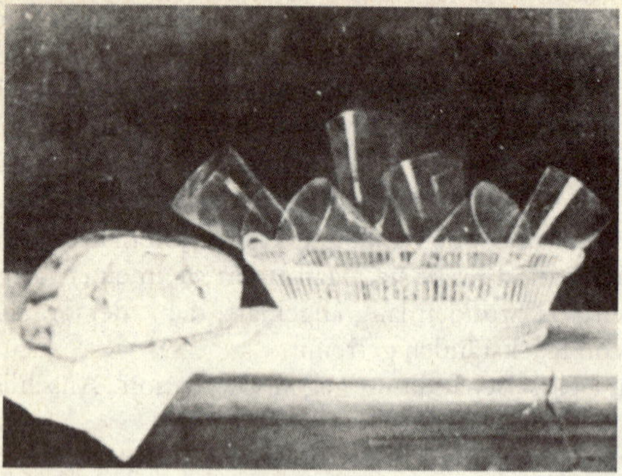

wollte jede adelige Familie, jeder Bischof und jede Ordensgemeinschaft ihr Gläserservice mit dem eigenen Wappen haben. Während des ganzen 19. Jahrhunderts waren es die großen Bürgerfamilien, die solche Services mit ihren Initialen gravieren ließen. Heute noch werden einige dieser Services in den vier großen Glasschleifereien Frankreichs hergestellt.
Alle großen französischen Glasfabriken haben das elsässische Weinglas in ihrem Sortiment.

Wie der elsässische Wein serviert wird

Der elsässische Wein ist in der Regel ein trockener Weißwein, dementsprechend erhält er seinen Platz in der Weinfolge einer Mahlzeit. Einige seiner Sorten bieten aber Besonderheiten, die man kennen sollte.
Beim *Silvaner* kann man während einer ganzen Mahlzeit bleiben. Speziell eignet er sich zur Vorspeise, zu Wurstwaren und zu Schalentieren.
Der *Tokayer* eignet sich als Apéritif, zur Vorspeise, zu Geflügel in Sauce, zu weißem Fleisch und zu Wild.

Der *Muskat* ist ein guter Apéritif oder ein Wein zum Trinken außerhalb der Mahlzeiten.

Der *Edelzwicker* paßt fast zu allem, nur nicht zu Wild oder rotem Fleisch, auch nicht zu den Gerichten der großen Küche, die einen gehaltvolleren Wein verlangen. Den Edelzwikker kann man auch tagsüber trinken.

Der *Riesling*, wirklich der »König« unter den elsässischen Weinen, paßt sehr gut zu jedem Essen. Er ist wunderbar zu Austern und anderen Meeresfrüchten und zur Gänseleber.

Der *Pinot noir* bringt rotes Fleisch oder Wild sehr gut zur Geltung.

Der *Gewürztraminer* stellt die Gastronomen mit seiner außergewöhnlichen Fruchtigkeit vor ein Problem. Er ist ein ausgezeichneter Apéritif, der auch sehr gut zum Dessert paßt. Er begleitet aber auch die Gänseleber in vollkommener Weise und entfaltet ihren Geschmack. Da nun aber die Gänseleber zu Beginn des Essens serviert wird und der Gewürztraminer ein Bouquet entwickelt, das es unmöglich macht, das Essen mit anderen Weinen fortzusetzen, da diese dann noch trockener als Sylvaner und Riesling erscheinen . . . was tun?

Man versuchte neuestens, die Gänseleber mit dem Gewürztraminer am Ende des Essens, nach dem Dessert zu servieren. Dies war eine kleine Revolution, deren Wirbel sich noch nicht gelegt hat. Die Franzosen, ohne Zweifel sehr traditionsbewußt, haben sich für diese Speisenfolge nicht gewinnen lassen, und so bleibt es beim alten Problem.

Für alle elsässischen Weine gilt eine Regel: Zur vollen Entfaltung seines Bouquets muß er kalt sein, sehr kalt, ungefähr 8 bis 10 Grad. Er darf keinen allzugroßen Temperaturschwankungen ausgesetzt werden. Man sollte ihn in einem kühlen Keller lagern und ihn erst einige Stunden vor dem Genuß in den Kühlschrank stellen und ihn erst, wenn er getrunken werden soll, auf den Tisch bringen.

Die Jahrgänge seit 1945

Elsässischer Wein muß jung getrunken werden, spätestens fünf bis sieben Jahre nach der Ernte. Nur die großen edlen Sorten (Riesling und Gewürztraiminer vom Kaefferkopf, Schoenenburg und Eichberg z. B.) behalten ihr Bouquet länger als acht Jahre.

1945 – gutes Jahr
1946 – mittleres Jahr
1947 – sehr großes Jahr
1948 – gutes Jahr
1949 – gutes Jahr
1950 – gutes Jahr
1951 – mittelmäßiges Jahr
1952 – gutes Jahr, voller Wein
1953 – sehr gutes Jahr
1954 – gutes Jahr, Wein mit ausgeprägtem Charakter
1955 – sehr gutes Jahr
1956 – durchschnittliches Jahr
1957 – gutes Jahr
1958 – ziemlich gutes Jahr
1959 – ausgezeichnetes Jahr
1960 – gutes Jahr
1961 – großes Jahr
1962 – gutes Jahr
1963 – mittelmäßiges Jahr
1964 – großes Jahr
1965 – mäßiges Jahr
1966 – gutes Jahr
1967 – gutes Jahr, fruchtiger Wein
1968 – mittleres Jahr, leichter Wein
1969 – sehr gutes Jahr
1970 – durchschnittliches Jahr
1971 – außergewöhnliches Jahr
1972 – mäßiges Jahr
1973 – gutes Jahr
1974 – durchschnittliches Jahr
1975 – durchschnittliches Jahr
1976 – gutes Jahr
1977 – durchschnittliches Jahr
1978 – gutes Jahr

ELSÄSSISCHE SCHNÄPSE UND LIKÖRE

Aus der Geschichte · Die Würzweine · Der Strohwein · Schnäpse · Liköre und Schnäpse heute · Die Liköre · Die Fruchtschnäpse · Wie die Schnäpse serviert werden

»Köln hat seinen Dom.
Straßburg auch!
Aber das Elsaß hat außerdem
seinen Wein, sein Kirschwasser und
sein gutes Essen.«

Ernst Moritz Arndt
Deutscher Dichter

Gebt mir noch ein Glas von
diesem elsässischen Kirsch,
von diesem klaren Hügelwasser,
das den Körper verrückt
und die Seele froh macht . . .

Heinrich Heine

Aus der Geschichte

Von allen französischen Provinzen bietet das Elsaß unbestritten die größte Auswahl an Schnäpsen und Fruchtlikören. Das verdankt es seinen Gärten mit dem vielen Obst und den vielen wilden Früchten, die man an den Vogesenhängen pflükken kann.
Im Elsaß gab es zu allen Zeiten Schnaps und Likör. Die Namen vieler Dörfer stammen von den Brennereien, die dort im Mittelalter ansässig waren: Brennenhüttle, Brennenbachlein.
Seit dem hohen Mittelalter, sogar schon in der karolingischen Epoche trank man im Elsaß Honigwein, dessen Zusammensetzung je nach Gebiet variierte. Diese gezuckerten Weine wurden zuerst in den Klöstern hergestellt und dem eigenen Verbrauch vorbehalten. Sehr schnell kam aber auch das Volk auf den Geschmack und lernte, die Qualität und die Haltbarkeit zu verbessern. Man trank diese Weine vor und nach dem Essen und möglicherweise sind sie die Vorfahren unseres Apéritif, unserer Kräuterweine. In diese Weine läßt man, kürzer oder länger, Wildkräuter, die man sorgfältig sammelte und aussortierte, einziehen.
Es scheint, daß sich dieser Brauch noch vor dem Untergang des Römischen Reiches und der Völkerwanderung im Elsaß eingebürgert hatte. Die römischen Legionäre, die vorher in Kleinasien und Afrika gedient hatten, lernten dort sehr stark gewürzte Speisen und Getränke kennen und werden diesen Brauch mit ins Elsaß gebracht haben.

Die Würzweine

In der Zeit der Renaissance breitet sich der Geschmack an »Würzweinen« aus. Mittlerweile stellt man sie aus den besten Weinen her, in die man nach genauen Rezepten Zucker, Ge-

würznelken, Zimt und andere wohlriechende ausländische Gewürze mischte.
Diese Weine, für die jeder größere Marktflecken sein eigenes Rezept hatte, trank man nicht täglich. Sie waren für die kirchlichen Feiertage, die Dorffeste und die Familienfeiern vorbehalten. Man genoß sie auch oft am Ende der Mahlzeiten als Verdauungshilfe: »Schlaftrunk«.
Im Laufe der folgenden Jahrhunderte wurde aus dem Würzwein Likör.
Heute sind die Würzweine praktisch vergessen. Trotzdem bewahrt man in einigen Dörfern immer noch sorgfältig die uralten Rezepte auf. Gute Hausfrauen stellen jedes Jahr den »Digestif der Familie« her. Dazu lassen sie in ein kleines Faß oder einige Flaschen des besseren Pinot noir oder Muskat einige Monate lang Kräuter und Gewürze einziehen. Der Tourist, der an solchen Rezepten interessiert ist, kann sich an die Apotheker in den Dörfern an der Weinstraße wenden. Sie werden ihn gern in ihre Geheimnisse einweihen.

Der Strohwein

Wer heute »Strohwein« sagt, denkt an die vielen, wirklich köstlichen »Arbois«. Aber der Strohwein stammt aus dem Elsaß, doch ist die Herstellung dieses Weines hier in Vergessenheit geraten. Im 17. und mehr noch im 18. Jahrhundert wurde er nach Frankreich, ja sogar bis nach Rußland exportiert, nach Paris und Moskau, wo er auf den königlichen, kaiserlichen und fürstlichen Tafeln eine Rolle spielte.
Der elsässische Strohwein mußte acht bis zwölf Jahre unter besonderen Bedingungen gelagert werden. Dadurch bekam er Likörgeschmack und wurde alkoholreicher. Hergestellt wurde er vor allem zwischen Ammerschwihr und Ribeauvillé. Er war teuer. Man trinkt ihn zwischen den Gängen und am Ende einer Mahlzeit.

Schnäpse

Im Mittelalter und in den folgenden Jahrhunderten, als sich das Schnapsbrennen in den Familien entwickelte, waren die meisten Destillationsapparate in Bauernhöfen und Häusern, die an einem Strom oder Bach lagen, installiert. Man benötigte das Wasser zum Kühlen und zur Kondensation des Alkohols.

Vom 12. bis zum 17. Jahrhundert brannte man im Elsaß nur die minderen Weine sowie den Bodensatz und Rückstand der Trauben. Oft mischte man Bodensatz und Rückstand zum »Drusenbranntwein«. Die besseren Schnäpse aber stammten aus der Destillation guter Trauben.

Der erste Kammerdiener Ludwigs XIV. berichtete, daß er »den König oft vor Koliken, der Folge seines übermäßigen Appetits, bewahrt habe, indem er ihm von diesem Fruchtalkohol, den man im Elsaß so gut bereitet, in kleinen Schlukken zu trinken geraten habe«.

Seit dem 16. Jahrhundert ist der Ruf der elsässischen Schnäpse so gut, daß man alle Hände voll mit dem Export zu tun hat, um die Bestellungen aus ganz Europa ausführen zu können. In den Archiven findet man Berichte über diese Schnapsexporte. Sie begannen in Straßburg und Kolmar, wo die Schnapsfässer aus allen Marktflecken und Hochtälern gesammelt und gelagert wurden. 1583 exportierte Straßburg 2057 Hektoliter Schnaps. Große Liebhaber der klaren Schnäpse waren zu dieser Zeit vor allem die Norddeutschen, die Holländer und die Engländer.

Ähnlich wie der Weinhandel, war auch der Schnapshandel Anfang des 17. Jahrhunderts fast vollständig versiegt. Die Plünderungen der Söldner im Dreißigjährigen Krieg leerten die Lager. Die Verwüstungen, die das Elsaß erlitt – Brandschatzung der Marktflecken, Zerstörung der Bauernhäuser – ließ mehr als neunzig Prozent der Destillationsgeräte verschwinden. Im 18. Jahrhundert förderten die strengen könig-

lichen Dekrete, die jede Schnapsproduktion aus Getreide und anderem Korn verboten, nicht gerade das Wiederaufleben der elsässischen Schnapsbrennerei. Im Laufe des 19. Jahrhunderts entwickelte sich die Obstschnapsbrennerei. Von Anfang an dominiert der Kirsch und setzt sich durch. Am Ende dieser Epoche werden fast alle Schnäpse (»marc«) aus dem fruchtigen Gewürztraminer gebrannt. Die Destillation wird hauptsächlich zu Hause durchgeführt. Eine kleine Stadt wie Ammerschwihr verfügte bei einer Einwohnerzahl von 2000 Menschen über 180 Destilliergeräte.
Bis zum Ende seines Lebens trank der große deutsche Mathematiker Georg Cantor (1845–1918), der Erfinder der Mengenlehre, nach jedem Essen regelmäßig ein kleines Glas Kirsch. »Das reinigt mein Gehirn und läßt meinen Geist von den Gleichungen zu meinen Träumen wandern«, erzählte er seinen Freunden.

Liköre und Schnäpse heute

Klare: Kirsch, Mirabell, Trester und andere; Fruchtliköre: Himbeerlikör, Birnenlikör usw. Schnäpse und Liköre kann man nicht miteinander vergleichen, es sind völlig unterschiedliche Produkte.
Man kann sie unter den Oberbegriff Alkohol zusammenfassen, obgleich einige Liköre süß und sirupartig sind. Gewöhnlich – wenn man von speziellen kulinarischen Verwendungsarten absieht – werden sie als Erleichterung für die Verdauung, besonders nach dem Genuß von fetten Speisen, gereicht. (Siehe den Brauch des »elsässischen Lochs« auf Seite 61.
Im Elsaß stellen die meisten der großen Winzer Obstschnäpse selbst her. Die Qualität ist immer gut, wenn es auch Unterschiede und Spezialitäten gibt. Kleine, handwerklich betriebene Brennereien wie in Lapoutroie liefern die quanlitativ besten Schnäpse.

Die Liköre

Die meisten elsässischen Liköre werden hergestellt, indem Obst in Alkohol angesetzt wird. Oft haben sie über 30 %, mindestens aber 15 %. Alle sind überaus aromatisch.
Die Meistgetrunkenen:
Erdbeerlikör aus Walderdbeeren, Mirabellenlikör, Zwetschgenlikör aus wilden Pflaumen, Heidelbeerlikör, Himbeerlikör aus wilden Himbeeren, Williamsbirnenlikör, schwarzer Johannesbeerlikör, Kirschlikör aus Herzkirschen, Reneklodenlikör, Aprikosenlikör, Quittenlikör, Tannenspitzenlikör, der in jeder Flasche die ganze undurchdringliche Tiefe der vogesischen Wälder birgt.

Die Fruchtschnäpse

Schnaps wird durch Destillation des vergorenen Obstes gewonnen. Man fängt durch Kondensation die wertvolle Flüssigkeit Tropfen für Tropfen aus der Kühlschlange auf. Obstschnäpse sind klar, was sie von den immer mehr oder weniger trüben Likören unterscheidet.
Nach Vorschrift müssen sie unter 70 % bleiben. Normalerweise haben sie ca. 45 % Alkohol. Einige »alte Reserven«, von einem ehrwürdigen Alter, haben 46 oder 48 %.
Es gibt ausgefallene Spezialitäten wie den Hagebuttenschnaps mit 60 % (»gratte-cul«).
Bis zum Anfang des 20. Jahrhunderts wird der Hefeschnaps bevorzugt. Heute stellt man ihn praktisch nicht mehr her. Er war kaum verkäuflich, weil er wenig Aroma hatte.
Die Reihe der elsässischen Schnäpse ist lang. Einige unter ihnen fallen durch ihre Originalität aus dem Rahmen. Wenn man Gelegenheit hat, sollte man sie wirklich einmal probieren und sich vom Zauber ihres Aromas und ihres Geschmacks in die Wildheit der vogesischen Berge und Täler

einladen lassen. Dort werden, ohne jede Wertung durch die Reihenfolge der Aufzählung, Schnäpse gebrannt aus: Renekloden, Williamsbirnen, Himbeeren, wilden Himbeeren, elsässischen Zwetschgen, blauen wilden Pflaumen, Mirabellen, Enzian, Tannenspitzen, Quitten, Erdbeeren, Walderdbeeren, Hagebutten, Holunder, Eberesche, Brombeeren, wilden Schlehen, Heidelbeeren, Mehlbeeren, Stechpalme, schwarze Johannisbeeren, Goldäpfeln und das Kirschwasser natürlich.

Zu dieser Liste muß ein Kleinod unter den elsässischen Schnäpsen hinzugefügt werden: der Weinbrand aus dem Trester des Gewürztraminers. Er soll sehr gesund sein und verkauft sich ausgezeichnet als Digestif.

Das aromatischste unter den Fruchtwässern ist das aus Mirabellen aus Lothringen. Ihm folgt das aus der seit einigen Jahrzehnten im Elsaß angebauten Williamsbirne, aus der ein sehr verführerischer und wohlriechender Schnaps gewonnen wird. Die Himbeere, die in den Vogesentälern gepflückt wird, gibt einen delikaten, leichten und sehr wohlschmekkenden Schnaps. Das Aroma dieses Himbeerwassers ist aber weniger intensiv und weniger dauerhaft als das des Himbeerwassers aus wilden, in Höhen zwischen 500 und 900 Metern gepflückten Himbeeren. Pflaumen werden im Elsaß häufig angebaut. Ihr Schnaps ist ausgezeichnet. Die blaue wilde Pflaume aus den Bergen vermittelt den ganzen Geschmack des freien Lebens, aber auch die Zwetschge, eine violette, aromatische Frucht, liefert ein sehr gefragtes Fruchtwasser. Der Kirsch ist der bekannteste Schnaps.

Anders als bei industrieller Produktion, achtet der Elsässer auf die Qualität des Kirschwassers. Unter den verschiedenen Kirschwassern, vom einfachen Schnaps bis zur »alten Reserve«, sticht der »alte Kirsch von Lapoutroie« heraus. Er wird destilliert aus schwarzen, halbwilden Herzkirschen, die in den anmutigen Tälern von Ammerschwihr und Kaysersberg bis zur Höhe des Bonhomme wachsen.

Die Obstwässer der Brombeere und des Holunder sind als wirksames Mittel gegen Magenbeschwerden bekannt. Der Heidelbeerschnaps weist zwei beinahe an Wunder grenzende Eigenschaften auf: er heilt verschiedene Darminfektionen durch Schmerzlinderung und Erneuerung der Darmflora. Auf der anderen Seite verbessert es die Sehschärfe, vor allem nachts. »Er gibt dem, der ihn genießt, Katzenaugen.«
Viele der Brände aus wilden Beeren überraschen durch ihren Nachgeschmack. Die der Eberesche und die Elsbeere streicheln den Gaumen. Hagebuttenschnäpse stimulieren das Herz. Das Bouquet zweier Brände ist besonders erwähnenswert: Im Duft des Stechpalmenwassers ist der Duft des elsässischen Heus eingefangen. Aus dem Tannenspitzenschnaps strömt das Aroma des tiefen Waldes. Dieser Tannenspitzenschnaps muß mit Sorgfalt hergestellt und oft mit neutralem Alkohol versetzt werden, um den starken Harzgeruch abzuschwächen.
Die elsässischen Schnapsbrenner produzieren auch Flaschen, manchmal aus Kristall, in denen eine Frucht im Alkohol konserviert ist: die Williamsbirne oder eine Traube des Gewürztraminers. Bevor die Frucht wächst, wird sie am Baum in die Flasche gesteckt. Dort wächst und reift sie. Dann pflückt man sie und füllt die Flasche mit dem passendem Alkohol. Diese in den Karaffen einbeschlossenen Früchte sind nicht zum Verzehr bestimmt, es sei denn, jemand zerschlägt die Flasche. Jedesmal, wenn man die wertvolle Flüssigkeit ausgetrunken hat, füllt man die Karaffe wiedermit dem passenden Alkohol.

Wie die Schnäpse serviert werden

Mehr noch als alle anderen muß der elsässische Schnaps sehr kalt getrunken werden. Ein Tip: Schwenken Sie einige Zeit ein Eisstück im Glas, entfernen sie es und schütten Sie dann den Schnaps ein. Genießen Sie ihn in kleinen Schlucken und behalten Sie ihn ziemlich lange im Mund, damit er sein Bouquet entwickeln kann.

In guten Restaurants hält man sich bei großen Familienfeiern an den Brauch des »elsässischen Lochs«. Er entspricht dem Brauch des »normannischen Lochs«. Eine kleine Menge Schnaps, meistens Trester, hilft, schwere und fette Mahlzeiten gut zu verdauen.

Pierre Gaertner hat eine sehr elegante Art, das »elsässische Loch« anzubieten: Er serviert es in Form eines eisgekühlten Sorbets vom Trester des Gewürztraminers.

DAS ELSÄSSISCHE BIER

Ein guter Dichter ist nur, wer am Busen der Freude ruht.
Wirkliche Freude gibt es nur in lustigen Kellern.
Nur im Bier liegt das Wissen der Lust.
Nur in Straßburg gibt es das beste Bier.

Novalis

Von allen ihren Provinzen ist das Elsaß mir die teuerste. Es ist stolz auf den Reichtum seiner guten Weine, aber es stellt auch Biere her, die genauso gut sind wie unsere englischen.

Winston Churchill
an General de Lattre de Tassigny

Im nördlichen Elsaß und in der Pfalz wird seit dem hohen Mittelalter die Stengelspitze einer Pflanze benutzt, die sich erst gegen 1413 bis in die Niederlande ausbreitete. Sie wurde in der Verzerrung ihres deutschen Namens »Hopfen« »oubelon« genannt. Diese weichen Stengelspitzen, die genauso wie beim Spargel vom holzartigen Teil der Pflanze getrennt werden, sind übrigens in den angelsächsischen Ländern als Hopfenschößlinge schon immer in Gebrauch. Sie stellen ein ausgezeichnetes Gemüse dar, das sehr gut zu Omeletten paßt. In der karolingischen Zeit kam man wahrscheinlich durch Zufall darauf, Gerstensaft mit den fruchtigen, sehr wohlriechenden Dolden dieser Pflanze zu fermentieren.

Das neuartige Getränk suchte einen Namen. Der Ausdruck Bier tauchte gegen 1435 in den Niederlanden auf und eroberte schnell alle deutschsprachigen Länder. In Frankreich wurde »la bière« daraus.

Nachdem der Wein außerhalb der Weindörfer für die Bewohner der Vogesentäler und der Ebene unerschwinglich war, wurde bald auch im Elsaß neben den sehr guten Weinen Bier getrunken.

Es wäre falsch zu behaupten, daß in den ersten fünf Jahrhunderten unseres Jahrtausends Wein nur der Kirche und dem Adel vorbehalten gewesen, während das Bier ausschließlich vom Volk getrunken worden wäre. Mönche, Domherren, Bischöfe, Barone und Ritter: alle tranken gern Bier.

Im 12. Jahrhundert wurde Bier nur in Familienbrauereien oder in Klöstern und Abteien hergestellt. Immerhin wurde schon eine ganze Menge produziert: 1160 braute z. B. das Kapitel von Straßburg allein mehr als 1000 Hektoliter.

Der erste hauptberufliche Brauer trat 1259 in Straßburg auf, das seitdem unbestrittene Hauptstadt des Bieres ist. Im 14. Jahrhundert gibt es acht Brauereien in Straßburg. Im Jahre 1723 zählt man 26 und dann, als Familienbetriebe zurückgehen, sind es 1763 35 Brauereien.

1769 steigert sich das Volumen aller Brauereien in Straßburg auf 41 598 Hektoliter. Die Qualität des Bieres wird sehr genau kontrolliert. Alles, was nicht genau ausgewogene Menge von Malz, Wasser, Hopfen und Hefe enthält, wird in den Rhein geschüttet (die erste Umweltverschmutzung!).

Zwischen 1825–1828 gibt es 63 Brauereien in Straßburg, 12 in Mühlhausen, 7 in Kolmar, und 10 in Saint-Marie-aux-Mines. Das Bier tritt in scharfe Konkurrenz zum elsässischen Wein. Wein ist mehr als doppelt so teuer. Der Höhepunkt des Bierausstoßes ist 1829 mit einer Menge von 142 150 Hektolitern für das Unterelsaß und 38 975 Hektolitern für das Oberelsaß erreicht.

Die Produktion läßt vorübergehend nach und steigt gegen Ende des 19. Jahrhunderts wieder. Seitdem hat sie sich verzehnfacht. 1964 erreichte sie 4 200 000 Hektoliter und 1970 5 617 000 Hektoliter. Mehr als neun Zehntel werden außerhalb des Elsaß getrunken. Straßburger Bier gibt es in der ganzen Welt.

Hauptsächlich dort, wo der Weinanbau weniger wichtig ist, im unteren Elsaß, dem heutigen Département Bas-Rhin, wird Hopfen angebaut und Bier getrunken. Zwar gibt es auch im oberen Elsaß heute berühmte Brauereien, aber der Oberrhein ist vor allem Weinbaugebiet geblieben. Es gibt heute im Elsaß vom Norden nach Süden, vorbei an den Orten Straßburg und Kolmar, überall Brauereien, die sich den Markt streitig machen. Sie decken nicht nur den elsässischen Bedarf, sondern auch den weitaus bedeutenderen, wachsenden Export ins Ausland, trotz der großen Konkurrenz der ausländischen Biere. Nicht ganz zu Unrecht macht Straßburg München den Titel »Hauptstadt des Bieres« streitig. Die Namen einiger Brauereien, die sich und das Elsaß berühmt gemacht haben und immer noch berühmt machen, sind: Météor, Schutzenberger, Mutzig, Kronenbourg.

Das zum Essen servierte Bier hat wenig Alkohol (ca. 4%) und ist in 0,75- oder 1-Literflaschen abgefüllt. Das aromatischere Starkbier (8–12%) trinkt man meist nicht zum Essen.

Es wird in 0,33-Literflaschen geliefert. Bier hat seinen Platz auch in vielen Kochrezepten gefunden, z. B. als Biersuppe oder als passendes Getränk zu verschiedenen Speisen, z. B. dem Sauerkraut.
Im Elsaß wird das Bier traditionell aus Krügen getrunken. Diese werden seit dem Mittelalter aus Ton gebrannt, poliert, mit Ornamenten geschmückt und, um dem Bier seinen ganzen Geschmack zu erhalten, mit einer Zinnhaube bedeckt, die am Henkel befestigt ist. Einige kostbare Bierkrüge, die in unseren Museen aufbewahrt werden, tragen berühmte Wappen: von Klöstern, Bischöfen, Adligen, Gemeinden und Stadträten. Heute sind die Bierkrüge immer noch in Gebrauch und werden oft den Biergläsern vorgezogen. Vor allem in den Brauereien, wo der Kunde unter mehr als dreißig Biersorten auswählen kann, werden die Biere in Krügen angeboten.

DER ELSÄSSISCHE KÄSE

Der Fleuri oder Carré de l'Est · Der »Munster« · Der »Munster mit Kümmel« · Der »Lothringer«

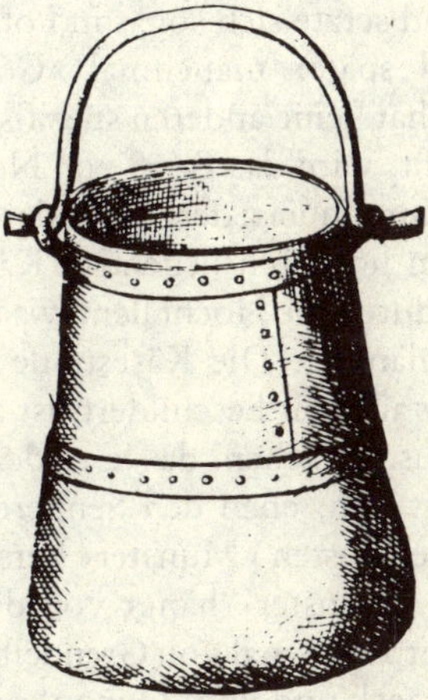

Vom ersten Jahrhundert unserer Zeitrechnung an, der gallorömischen Epoche, kannte die elsässische Bevölkerung das »Käsen« der Milch. Der Käse war weiß und wurde viel gegessen. Bald fügte man Kräuter hinzu und würzte ihn mit Schnittlauch, Kerbel, Minze und Kümmel.
»Ländlich und einfach«, war er oft zusammen mit Schwarzbrot die einzige Ernährung der Viehzüchter, die damals in den Bergen Zuflucht suchten, wenn Hungersnöte, Epidemien und feindliche Überfälle das Land verwüsteten. Man sollte diese erste Käsezubereitung nicht unterschätzen, zumal es damals in ganz Europa keine andere gab.
Die erste neue Sorte, die dann im Elsaß auftauchte, scheint der Fleuri gewesen zu sein. Dieser Käse, den man heute »Carré de l'Est« nennt, wurde damals wegen seiner Schimmelkruste Fleuri genannt.
Dann kam der König der Käse: der Munster. Sehr schnell eroberte er seit dem 18. Jahrhundert das Gebiet der elsässischen Vogesen und setzte sich sogar in Lothringen, wo man ihn Géromé und später manchmal »Gérardmer« taufte, durch. Das Elsaß hat keine anderen spezifischen Käse.
Wie schon erwähnt, wird das Elsaß von Norden nach Süden von drei Straßen durchquert: der Straße der Ebene, der Weinstraße und der am höchsten liegenden Käsestraße, die sich vom Bergkamm durch die Hochtäler zwischen 600 und 1000 Metern Höhe schlängelt. Die Käsestraße oder »Straße der Sennereien« ist zwar nicht beschildert, ist aber trotzdem auf der Karte leicht auszumachen, da sie an den großen Berggehöften und Viehställen, eben den Sennereien, vorbeiführt, die immer noch den besten »Munster« herstellen.
Die Qualität des »Munster« hängt von der Weide ab. Die Käsestraße beginnt am Signal von Grendelbruch im Norden, östlich von Schirmeck und vom Donon, um im Süden beim Hartmannsweilerkopf zwischen dem Grand Ballon und Cernay zu enden.
Was glauben Sie, wie erholsam es ist, sich in einer großen

Bauernstube auf einer Holzbank niederzulassen, vor sich einen gewaltigen Tisch, auf dem ein großes Schwarzbrot, eine Flasche roter Pinot und auf einem Teller herrlich duftender Munster serviert wird! Mit einer gesunden Müdigkeit in den Beinen und mit Hunger im Magen werden Sie so den besten elsässischen Käse genießen.

Der Fleuri oder Carré de l'Est

Dieser Käse wird im ganzen Nordosten Frankreichs hergestellt, also auch im Elsaß und da besonders im mittleren Teil der Vogesen. Er wiegt um 200 Gramm, ist viereckig, mit einer Seitenlänge von ca. 9 bis 10 cm. Er ist weich, leicht gesalzen, weder gekocht noch gepreßt, noch geknetet. Dieser Käse, der sein volles Aroma etwa zwischen dem 15. September und 15. Mai entwickelt, erinnert an einen gut gemachten Camembert. Für ihn stellt er eine nicht unbedeutende Konkurrenz dar.

Er ist ein heute im wesentlichen industriell hergestellter Qualitätskäse. In vielen abgelegenen Höfen zwischen 600 und 1000 m Höhe wird er auch heute noch von Hand gemacht. Dazu empfohlene Weine: Gewürztraminer, Tokayer.

Der »Munster«

Im 7. Jahrhundert wurde er von Mönchen, die ihre Klöster in den Vogesentälern hatten, »erfunden«. Der Name »Munster« – er taucht unter Karl dem Großen auf und bezeichnet einen frühen Herstellungsort des Käses am Fuß des Schluchtpasses und des Hohneck – scheint eine Abwandlung des Wortes »Monastère« (Kloster) zu sein. Aber dieser Käse blieb nicht lange auf die klösterlichen Gemeinschaften, die Viehzucht betrieben, beschränkt.

Im 11. Jahrhundert erscheint er als Besonderheit unregelmäßig in den bäuerlichen Mahlzeiten. Spuren aus dem 15. Jahrhundert deuten auf einen Tauschhandel zwischen Munsterkäse und Wein. In der gleichen Epoche wird er in die Schweiz, die badischen Länder, Württemberg und die Pfalz exportiert. Im 16. Jahrhundert gelangt er – auf den gleichen Handelswegen wie der Wein – in die Niederlande, die Hansestädte und sogar nach Schweden.

Der Munster ist ein geschmacklich hervorragender Weichkäse. Sein besonderes Aroma verdankt er der Milch der Vogesenkühe, einer besonderen Rasse, und der Weide, deren Gras und Kräuter auf Granitboden wachsen. Der Käseteig wird weder gekocht noch gepreßt. Die Kruste, rot oder okker, wird nur wenig gewaschen, um seinen leichten Schimmel zu erhalten. Auf dieser Kruste findet ein reichliches Mikrobenleben statt, das dazu beiträgt, den Munster schnell und gründlich reifen zu lassen. Die Käsemasse ist cremig, fettig und riecht stark. Der Munster ist rund, mit einem je nach Gebiet unterschiedlichen Durchmesser von 11 bis 20 cm. Die Höhe ist 3–5 cm.

Für die wirklichen Liebhaber des Munster ist die beste Jahreszeit November bis Mai. Dennoch behält er auch im Sommer sein spezifisches Aroma. Die besten Sorten kommen aus den Hochtälern von Munster, vom Hohneck, dem Schluchtpaß und aus dem Tal von Metzeral und dem von Orbey. Andere gute Sorten reifen in den Tälern von Sainte-Marie-aux-Mines und von Lapoutroie.

Seit einiger Zeit stellt man den Munster industriell aus pasteurisierter Milch her. Dagegen wäre nichts einzuwenden. Allerdings hat dieser Käse nichts mit dem wirklichen, in den Farmen mit der berühmten Milch der Vogesenkühe, die im Sommer auf den Hochalmen grasen und im Winter in ihre Ställe zurückkehren, hergestellten Munster zu tun. Der Munster wird als einer der besten französischen Käse angesehen und bevorzugt auch mit Roggenbrot gegessen. Niemals

mit Butter: der Munster ist fett genug und Butter beeinträchtigt seinen Geschmack.
Dazu empfohlener Wein: Gewürztraminer.

Der »Munster mit Kümmel«

Im 15. Jahrhundert, als sich im Elsaß ein mitunter maßloser Gewürzgebrauch ausbreitete, wurde es vielen zur Gewohnheit, ihren Munster mit Kümmel und sogar mit Anis zu bestreuen. Dieser »Munster mit Kümmel« wurde von vielen Fremden, die zu uns kommen, um unsere Produkte zu genießen, ausdrücklich verlangt, »Munster mit Kümmel« ist aber eine Geschmacksverirrung, weil der Kümmel das Aroma des guten echten Munster nicht zur Geltung kommen läßt. Für

den »Industrie-Munster« freilich kann solche Gewürzzutat auch von Vorteil sein.
Dazu empfohlener Wein: Gewürztraminer.

Der »Lothringer«

Die elsässischen Mönche hatten ihren Munster den Vogesenklöstern in Lothringen geschenkt, vor allem den Äbtissinnen von Remiremont, die den »Géromé« derartig schätzten, daß sie ihn regelmäßig essen wollten.
Die Bauern vom Westabhang der Vogesen dankten den Elsässern, indem sie ihnen einen eigenen Käse schickten, den sogenannten »Lothringer«, der nichts anderes war als ein besonders großer Munster: Durchmesser 20–25 cm. Gewicht 2–5 kg.

DIE ELSÄSSISCHEN FLEISCH- UND WURSTWAREN

Nichts ist einladender und appetitlicher als die Auslagen der elsässischen Metzger, die man entdeckt, wenn man durch die Städte, aber auch durch die viel bescheideneren Marktflecken spaziert. Man hält an und weiß nicht, wo man zuerst hinsehen soll: Cervelatwurst, Schnittwurst, Kümmelwürstchen, die »Gendarmes«, Pasteten, Hefeteigformen – welch ein Reichtum! Man bedauert, daß man nicht Gargantua ist, eintreten kann und mit einer großen Geste alles kaufen und essen, sich mit all den guten Sachen erfreuen kann. Viele gute Köche sehen den hohen gastronomischen Wert des Elsaß in der Menge und Vielfalt seiner Wurstwaren. Ganz Frankreich ist auf diesem Gebiet reich. Es gibt keine Provinz, die nicht ihre Spezialitäten hat, z. B. auf ganz besondere Art geräucherten Schinken. Das Elsaß scheint das Paradies der Wurstwaren zu sein, erfunden und zubereitet, um uns zu allen Sünden der Schlemmerei zu verführen.

»Gendarme« (»Landjäger«) wird eine trockene, fast harte flache Wurst genannt. Eigentlich ist sie eine Schweizer Spezialität, aber das Elsaß hat sie »eingebürgert«. Es gibt nicht viel über sie zu berichten, außer daß man zu ihrer Herstellung Gewürze verwendet, die an den Ufern des Rheins sehr beliebt sind und die auch zur Zubereitung von Cervelatwurst und anderen Würsten sowie Pasteten genommen werden. Alle diese Schweinefleischprodukte werden mit einer Gewürzmischung aus Kümmel, Pfeffer und Zimt geschmacklich abgestimmt.

Neben diesen Wurstsorten gibt es einige Spezialitäten, die erwähnenswert sind: die Straßburger Knackwurst. Diese bekannten Straßburger Würstchen sind wie die Gänseleberpastete in der ganzen Welt berühmt. Dann die Mettwurst: diese weiche Streichwurst ist der bevorzugte Pausenbrotaufstrich sowohl für die Schulkinder wie für die Arbeiter auf den Baustellen und in den Weinbergen. Die Mettwurst ersetzt im Elsaß den Camembert und die sonst übliche Salami.

Außerdem sind für das Elsaß die Leberwurst und die saftigen

und herzhaften »Waedele« charakteristisch. Berücksichtigt man alle verschiedenen Gewürzmischungen, gibt es an die fünfzig Wurstsorten. Alle haben eine alte Tradition. So bietet das Elsaß heute auch dem verwöhntesten Gaumen Abwechslung. Es ist unmöglich, über die elsässischen Wurstwaren zu reden, ohne auch an das Gepökelte und Geräucherte zu denken: Schinken, magerer Speck, Schweineschulter usw. Je nach Gebiet wird Speck, gepökelter oder leicht gesalzener Schinken oder geräuchertes Schweinefleisch, das »Schiffala«, bevorzugt.
Gepökeltes und geräuchertes Schweinefleisch wurde ursprünglich in den Farmen der Hochtäler hergestellt, die während der harten Wintermonate oft von der Umwelt abgeschnitten waren. Traditionsgemäß wird immer noch mit Tannenholz oder dem Holz der Sauer- und Süßkirschbäume geräuchert, wodurch das Fleisch ein besonderes Aroma erhält. Die Räucherzeit beträgt einige Wochen.
Abschließend möchten wir Sie noch aufmerksam machen auf die leckeren Würstchen aus Kolmar, die besonders gut zu Sauerkraut schmecken, auf die Würste von Thann, die Zungenblutwurst, die mit fettem Speck gespickte Blutwurst ... Entdecken Sie alle diese Köstlichkeiten selbst im Elsaß, nach einer langen, appetitanregendenBetrachtung der Auslagen!

DIE ELSÄSSISCHEN BACKWAREN

Das Neujahrsbrot · Das Agatha-Brot · Der Zwiebelkuchen für die Fastenzeit · Das Osterlamm · Die Verbrennung des heiligen Johannes · Die Klausenmänner (Weckmänner)

Je nachdem, wo Sie im Elsaß spazierengehen, in den Fußgängerzonen von Straßburg und Kolmar, in den bescheidenen Dörfern der Ebene, in den Weinbergen oder Bergen, können Sie alte Fachwerkhäuser, Holzschnitzereien, alte gemeißelte Steine und vom Frühling bis in den Herbst hinein die Blumen bewundern, die über die Balkone fließen, die Fassaden schmücken und alles verschönern. In Verzückung geraten könnten Sie aber auch vor den Schaufenstern der Metzger und Bäcker.

Die elsässischen Bäckereien bieten das vielfältigste und umfassendste Angebot, daß man sich denken kann. Mehrere Dutzend Brote aller Formen, Geschmacksrichtungen, mit Zimt, Kümmel, Gewürzen, Mandeln usw., Milchbrot, Schwarzbrot, Kleiebrot usw. Ganz besonders beliebt sind aber die Brötchen. Sie locken eine Menge Kundschaft aus den Bergen, aus dem »Inneren«, wie die Elsässer Frankreich nennen, aus der Schweiz und Deutschland an. 1977, so schätzten die Elsässischen Bäcker, war ein Zehntel der Produktion für den Export bestimmt. Ein schöner Erfolg! An dem Abwechslungsreichtum der elsässischen Bäckereien kann sich jeder erfreuen. Das gilt für die Brot- wie für die Feinbäckerei, und für die Lebkuchenbäckerei, die im Elsaß einen hohen Rang hat.

Die Geschichte der elsässischen Brote führt oft mehrere Jahrhunderte zurück. Jedes wurde bei einem Dorffest »geboren« und hat sich dann von dort über die ganze Provinz ausgebreitet.

Von alters her gaben im Elsaß nicht nur die Feste des Kirchenjahres, sondern auch Patrozinien Gelegenheit zum Feiern. Unter den dabei besonders Betroffenen ist das der Bäkker. Tag und Nacht wird gearbeitet, um die Nachfrage zu befriedigen. Am Festtag selbst verdoppelt oder verdreifacht sich die Kundschaft. Die Familien bestellen viel: drei oder vier Gugelhupfe, Kirsch- oder Heidelbeertorten, kalte Pasteten und heiße Pasteten; alles das will vorbereitet sein. Noch in unseren Tagen bringen die Kunden in einigen elsässischen Dörfern – wie seit Jahrhunderten – dem Bäcker Milch, Eier und Butter von ihren Höfen oder Schnaps aus der eigenen Brennerei oder ihrem Weinkeller. Oft stellen sie auch die Gugelhupfform, und der Bäcker füllt sie mit einem Teig aus Mehl, Zucker, Rosinen, Mandeln und Hefe. Dieser Brauch war bis zum Zweiten Weltkrieg allgemein verbreitet.

Das Neujahrsbrot

Nach einem sehr alten elsässischen Brauch bringen die Kinder zum Neuen Jahr ihren Großeltern, Onkeln, Tanten, Cousinen, dem Paten und der Patin Glückwünsche dar. Bei dieser Gelegenheit schenken sie ein Hefebrot, das »Neyjohrweka« oder »Neujahrsbrot« heißt.

Zum Dank werden sie zum Kaffee und dem traditionellen »Beerawecka« (siehe Rezept S. 204) und die Kleinen zu einem kleinen Glas Nuß- oder Schwarzen Johannisbeerlikör (siehe Rezepte S. 245), die Größeren zu einem kleinen Glas Schnaps eingeladen.

Dieser Brauch wurde im Elsaß bis nach dem Zweiten Weltkrieg beibehalten. Heute lebt er noch in mehreren Dörfern des Elsaß und an der Weinstraße.

Das Agatha-Brot

Der 5. Februar, Tag der hl. Agatha, ist das Fest der Bäcker. Dort, wo die Tradition noch gewahrt ist, kauft jede Familie ein Agatha-Brot, einen Laib von 500 oder 1000 Gramm. Das Brot wird sehr früh am Morgen gekauft, damit es die Kinder mit in die Sieben-Uhr-Messe nehmen können. Sie legen es auf den Altar der hl. Jungfrau.

Am Ende der Messe spricht der Pfarrer ein Gebet zur hl. Aga-

tha, segnet das Brot und besprengt es mit Weihwasser. Die Kinder bringen das schöne, noch warme und wohlriechende Brot schnell nach Hause, um vor der Schule noch eine Scheibe davon essen zu können.
An diesem Tag ißt jede Familie geweihtes Brot. Auch die Haustiere bekommen davon, damit das Jahr ein glückliches wird, alle das tägliche Brot haben und damit dem Dorf, dem ganzen Elsaß die Hungersnot erspart bleibt, an die sich das Volk mit Entsetzen erinnert.

Der Zwiebelkuchen für die Fastenzeit

Nach dem Ersten Weltkrieg erlebte das überwiegend katholische Elsaß eine religiöse Erneuerung. So wurden während der Fastenzeit in den meisten Familien Fasten und Abstinenz eingehalten.
Am Aschermittwoch, nach den Freuden der Fastnacht, und jeden darauffolgenden Freitag bis Ostern gab es hauptsächlich Suppe aus getrockneten Bohnen und Zwiebelkuchen.
Die ärmeren Familien brachten dem Bäcker die vorbereiteten Zwiebeln, und der gab ihnen Brotteig. Dieser Teig war flach, auf einem großen Backblech von 80 mal 40 cm und seine Ränder waren erhöht, um ihn mit Zwiebeln füllen zu können. Die Zwiebelkuchen wurden nach dem letzten Brot im Ofen gebacken.
Dieser Brauch hat sich noch in mehreren Dörfern erhalten.

Das Osterlamm

Seit dem Jahrhundert gibt man den Kindern als Symbol des Osterlamms mit den Ostereiern ein aus Gugelhupfteig oder Biskuitteig gebackens Lamm.
Diese Lämmer werden in einer zweiteiligen Tonform gebak-

ken, die mit einer Feder zusammengehalten werden. Nach dem Backen wird das Lamm mit Puderzucker bestäubt.

Die Verbrennung des heiligen Johannes

In einigen Dörfern wirft man anläßlich des Johannestages Brotstückchen in den Scheiterhaufen, um das Opfer zu symbolisieren, das man von den Früchten der Erde und der Erhebung des Geistes um der Seele willen darzubringen bereit ist.

Die Klausenmänner (Weckmänner)

Der Nikolaustag am 6. Dezember ist im Elsaß ein Kinderfest, während Weihnachten das Fest der Familie ist.
In der Nacht vom 5. zum 6. Dezember verteilt Sankt Nikolaus, möglicherweise gefolgt von seinem furchterregenden Gefährten Knecht Ruprecht, Belohnungen an artige Kinder.
Die Bäcker stellen dafür in besonderen Formen die »Mannala«, kleine Weihnachtsmännchen aus Biskuitteig, her, die jedes Kind, umrandet von Äpfeln, getrockneten Birnen und Nüssen auf seinem Teller oder in seinen Schuhen findet.

Vorbemerkungen zu den Rezepten

Die Rezepte, die Sie auf den folgenden Seiten finden, sind nicht alle typisch elsässische Spezialitäten. Wir haben sie trotzdem aufgenommen, weil sie entweder zur Vorbereitung oder zur Ergänzung der Erzeugnisse elsässischer Kochkunst dienen und weil wir Ihnen ersparen wollten, noch weitere Kochbücher zu Rate ziehen zu müssen.

Die Zeitangaben für die Vor- und Zubereitung der Gerichte sollen Ihnen bei der Auswahl jener Rezepte helfen, die nicht mehr Zeit in Anspruch nehmen, als Sie verfügbar haben.

Dabei handelt es sich bei diesen Zeitangaben um mittlere Werte, die je nach Ihrer Arbeitsweise und Ihren Arbeitsmöglichkeiten um 5 bis 25 % nach oben oder unten variieren können. Auch die Heizart Ihres Herdes hat darauf Einfluß. Mit einiger Übung werden Sie Ihren Zeitbedarf den angegebenen Richtzeiten annähern.

Die Qualität einer Mahlzeit und überhaupt der Ruhm der guten Küche hängen weit mehr von der Zubereitung der Gerichte, von ihrem perfekten Gelingen ab als vom Schwierigkeitsgrad und von der Kostspieligkeit.

Wo nichts anderes vermerkt ist, sind die Mengenangaben der Rezepte für sechs Personen berechnet.

Teil II
Rezepte

SUPPEN

Linsensuppe mit Schweinswürstchen · Kartoffelsuppe oder Suppe der Weinleser · Erbsensuppe · Krebsrahmsuppe aus dem Weißtal · Froschschenkelsuppe · Biersuppe · Milchsuppe · Gratinierte Zwiebelsuppe

Linsensuppe mit Schweinswürstchen

Einweichen der Linsen: ½ Tag
Vorbereitungszeit: 30 Minuten
Kochzeit: 1 Stunde 30 Minuten

1 Stange Lauch, 1 Karotte, 1 Zwiebel, 1 Sellerieknolle, 100 g geräucherten Speck, 100 g Butter, 300 g Linsen, 3 geräucherte Schweinswürstchen, 2,5 l klare Brühe oder Wasser, Salz und Pfeffer, 1 El Mehl*

Sellerie, Lauch, Karotte und Zwiebel in kleine Stücke schneiden, in heißer Butter glasig werden lassen und mit Mehl bestäuben. Brühe oder Wasser dazugießen. Die 12 Stunden in kaltem Wasser eingeweichten Linsen und den Speck zugeben. Salzen und Pfeffern. 1½ Stunden sprudelnd kochen lassen. Nach Ablauf einer Stunde die Schweinswürste 15 Minuten lang in sprudelndem Wasser kochen. In der Zwischenzeit den Speck aus der Brühe nehmen und in Streifen schneiden. Die Würstchen abtropfen lassen, schneiden und mit dem Speck in die Gemüsesuppe geben.
Abschmecken und sehr heiß servieren.
Die Art der benutzten Schweinswürste bedeutet sehr wenig für diese Gemüsesuppe. Es genügt, wenn sie geräuchert sind. In der Regel werden sie in den Bergdörfern am jährlichen Schlachttag im Dezember von den Familien hergestellt.

Kartoffelsuppe oder Suppe der Weinleser

Vorbereitungszeit: 10 Minuten
Kochzeit: 45 Minuten

2 Stangen Lauch, 2 Zwiebeln, 500 g Kartoffeln, 150 g Butter, 2 l Wasser, 2 dl Crème fraîche, 1 gehackte Zwiebel, Salz und Pfeffer, 1 Messerspitze Muskat, Petersilie und gehackter Schnittlauch

Die sehr fein geschnittenen Zwiebeln und Lauchstangen in

* Der Pfeffer sollte immer frisch gemahlen sein, die Pfeffermühle einmal umdrehen.

wenig heißer Butter glasig werden lassen. Die je nach Größe in vier oder sechs Stücke geschnittenen Kartoffeln hinzufügen. Wasser zugießen, mit Salz, Muskat und Pfeffer würzen. Zum Kochen bringen.
Die Suppe durch ein feines Sieb geben und mit dem Rest der Butter und der Crème fraîche binden. Abschmecken.
Die gehackte Zwiebel in heißem Fett leicht bräunen. Vor dem Servieren in die Gemüsesuppe geben. Petersilie und Schnittlauch hinzufügen. Sehr heiß servieren.
Die Kartoffelsuppe ist das traditionelle Gericht der elsässischen Weinleser. Sie wird pro Person mit ein oder zwei Paar Straßburger Würstchen, die man vorher 5 Minuten lang in sprudelnd heißem Wasser gekocht hat, gegessen.

Erbsensuppe

Einweichzeit: 3 Stunden
Vorbereitungszeit: 15 Minuten
Kochzeit: 1 Stunde

1 Zwiebel, 1 Karotte, 1 Selleriestange, 1 Bund Suppengrün, 150 g getrocknete Erbsen, 180 g Butter, 1 El Mehl, 2 El frische Sahne, 2 l klare Brühe, Salz und Pfeffer, 300 g gewürfeltes Weißbrot

Die getrockneten Erbsen 3 Stunden in einem großen Gefäß mit kaltem Wasser einweichen und dann 5 Minuten in abgekochtem Wasser waschen.
Karotte, Zwiebel und Sellerie schneiden und in heißem Fett leicht bräunen. Mit Mehl bestreuen. Die Erbsen zugeben und mit der Brühe auffüllen. Eine Stunde kochen lassen. Das Gemüse durch ein Sieb streichen oder im Mixer pürieren. Mit Sahne und Butter binden. Abschmecken.
In Butter geröstete Weißbrotwürfel gesondert dazugeben. Sehr heiß servieren.
Die Suppen aus getrocknetem Gemüse sind im Elsaß sehr beliebt. Die Erbsensuppe ist typisch für die Weingegend und das Flachland im Unterelsaß.

Krebsrahmsuppe aus dem Weißtal

Vorbereitungszeit: 1 Stunde
Kochzeit: 1 Stunde 15 Minuten

30 Krebse
Für die Fischbrühe: 1 Flasche Sylvaner oder Riesling, 2 l Wasser, 1 Zwiebel, 1 Karotte, ½ in Scheiben geschnittener Sellerie, 1 Stange Lauch, in dünne Scheiben geschnitten, 2 fein geschnittene Knoblauchzehen, ein Stück von einem Lorbeerblatt, 1 Prise Thymian, 1 Messerspitze Safran, Salz und Pfeffer, 1 El Butter
Zum Binden: 100 g Reismehl, 4 Eigelb, 2 dl Crème fraîche, 1 El gehackter Schnittlauch
Dazu empfohlene Weine: Riesling, Sylvaner

Mit den Zutaten eine Fischbrühe bereiten. Krebse zugeben und 7 bis 8 Minuten kochen lassen. Krebse herausnehmen, Schwänze vom Rumpf trennen, schälen und beiseite stellen. Die Krebse zerdrücken, in die Butter mischen und mit dem Reismehl bestäuben. Die Masse in die Krebsbrühe einrühren und ungefähr 45 Minuten bis 1 Stunde bei schwacher Hitze kochen lassen.
Diese Creme dann durch ein feines Haarsieb drücken und nochmals erhitzen. Vom Feuer nehmen und mit dem Eigelb und der Crème fraîche binden. Mit den vorher in heißer Butter gewendeten Krebsschwänzen garnieren. Mit Schnittlauch bestreuen.
Ein auserlesenes Gericht.

Froschschenkelsuppe

Vorbereitungszeit: 1 Stunde
Kochzeit: 30 Minuten

500 g Sauerampfer, 50 g Butter, 1 dl Crème fraîche, 1,5 l Kraftbrühe, Rindfleisch- oder Geflügelsuppe, 6 Eigelb, 1 dl Sahne, 1 El gehackter Schnittlauch, 24 Froschschenkel, 3 Schalotten, 100 g Butter, 1 dl Sylvaner, Salz und Pfeffer
Dazu empfohlener Wein: Riesling, Traminer

Den Sauerampfer putzen und waschen. Mit Butter und Salz in einen Schmortopf füllen und weich kochen. Crème fraîche hinzufügen und noch einige Minuten kochen lassen. Durch ein Sieb rühren oder im Mixer pürieren. Beiseite stellen.
Die gehackten Schalotten mit der Butter in einer Schmorpfanne erhitzen. Die Froschschenkel zugeben, salzen und pfeffern. Einige Minuten schmoren lassen und mit dem Sylvaner abschrecken. Nach spätestens 10 Minuten vom Feuer nehmen.
Die Froschschenkel herausnehmen und den Sud in die Kraftbrühe geben. Den Sauerampfer hinzufügen und erhitzen.
Eigelb und Sahne in einem Schmortopf mit einem Schneebesen schaumig rühren; am besten nur auf der Ecke einer Platte, um eine schaumige Masse, die »Sabayone« zu erhalten. Unter ständigem Rühren langsam die heiße Kraftbrühe hinzufügen. Erneut erhitzen, aber nicht mehr kochen lassen.
Abschmecken. Die Rahmsuppe über die Froschschenkel schütten und mit gehacktem Schnittlauch bestreuen.

Biersuppe

Vorbereitungszeit: 10 Minuten
Kochzeit: 25 Minuten

75 g Butter, 50 g Mehl, 1,5 l Bier, 1 Prise Salz, 1 Prise Pfeffer, 1 Prise Zimt, 15 g Puderzucker, 2 dl Schlagrahm

Aus der Butter und dem Mehl eine Mehlschwitze bereiten. Nach und nach das mit Salz und Pfeffer gewürzte Bier zugeben, glattrühren und mit Zucker und Zimt abschmecken, aufkochen. 20 Minuten bei verminderter Hitze garziehen lassen. Mit dem Rahm binden.
Während der Kochzeit einige Scheiben Brot, wenn möglich Bauernbrot, in einer Schmorpfanne goldgelb rösten. Die heißen Brotscheiben in die Suppenschüssel legen und die Suppe darüberschütten. Sehr heiß servieren.
Die Biersuppe eignet sich ausgezeichnet als Vorsuppe, ist aber auch empfehlenswert als Eintopf, wenn sie mit einem Stück geräuchertem Speck oder einem Paar Straßburger Würstchen ergänzt wird. Die Biersuppe hat im ganzen Elsaß eine drei Jahrhunderte alte Tradition.

Milchsuppe

Vorbereitungszeit: 5 Minuten
Kochzeit: 15 Minuten

5 dl Milch, 5 dl Sahne, 200 g Weißbrot, 2 Schalotten, 1 El Schnittlauch, 1 El Kerbel, 100 g Butter, Salz und Pfeffer

Das Weißbrot in Würfel schneiden und in etwas Butter rösten. Die Schalotten beifügen und Milch und Sahne darüber gießen. Salz und Pfeffer.
5 bis 10 Minuten bei geringer Hitze kochen lassen. Achtgeben, daß die Milch nicht überläuft oder anbrennt.
Die übrige Butter zufügen, Schnittlauch und Kerbel darüberstreuen.

Sehr heiß servieren.
Die Milchsuppe ist ein Familiengericht, das in den mittleren und hohen Lagen der Vogesen gegessen wird.

Gratinierte Zwiebelsuppe

Zubereitung: 10 Minuten
Kochzeit: 50 Minuten

400 g Zwiebeln, 50 g Mehl, 100 g Butter, 300 g Weißbrot, 150 g geriebener Käse (Gruyère), Salz und Pfeffer, 2 l Fleischbrühe

Die Zwiebeln schneiden und in heißem Fett unter ständigem Wenden goldgelb rösten. Mit dem Mehl bestreuen und unter leichtem Rühren 5 Minuten weiterdünsten.
Mit der Fleischbrühe auffüllen, salzen und pfeffern. ½ Stunde kochen lassen und abschmecken. Die Suppe in eine Schüssel oder einen feuerfesten Topf gießen. Das Weißbrot in Scheiben schneiden, goldgelb rösten und auf die Suppe legen. Käse darüberstreuen.
Im vorgeheizten Ofen überbacken, bis die Kruste goldgelb ist. Sehr heiß servieren.
Die Zwiebelsuppe stammt aus der Schweiz und ist vor allem im mittleren Elsaß und den Hochtälern der Vogesen übernommen worden.

SAUCEN

Weiße Buttersauce · Krebsbutter · Weißer Geflügelfond · Brauner Kalbsfond · Wildfond · Fleischextrakt · Fischfond · Béchamelsauce (Milchsauce) · Krebssauce · Holländische Sauce · Mayonnaise · Pfeffersauce · Sauce mit Pinot rouge · Meerrettichsauce · Remouladensauce

Weiße Buttersauce

Vorbereitungszeit: 15 Minuten
Kochzeit: 20 Minuten

1 dl Wasser, 1 dl Essig oder 1 dl Weißwein (Sylvaner), 1 El gehackte Schalotten, 300 g frische Butter, Saft einer halben Zitrone, Salz und Pfeffer

Die gehackten Schalotten mit Wasser und Essig in einen Schmortopf geben. Bei schwacher Hitze ziehen lassen.
Den Topf vom Feuer nehmen und 5 Minuten abkühlen lassen. Dann erneut erhitzen und die Butter in kleinen Stücken mit dem Schneebesen einrühren. Salzen, pfeffern, und mit dem Zitronensaft abschmecken.

Krebsbutter

Vorbereitungszeit: 20 Minuten
Kochzeit: 1 Stunde

30 Krebsschalen (die Schwänze können für ein Krebsschwanzragout verwendet werden, siehe Rezept S. 132), 500 g Butter

In einer Schüssel die Krebsschalen zerstoßen, Butter hinzufügen und gut mischen.
Bei 180° ungefähr eine Stunde lang im Backofen schmoren lassen.
Dann die Schüssel herausnehmen, mit Wasser auffüllen und zum Kochen bringen.
Die Butter oben abschöpfen und durch ein Haarsieb in einen zu 2 Drittel mit kaltem Wasser gefüllten Topf streichen. Kalt stellen. Die hartgewordene Butter abschöpfen, zerlassen und durch ein Seihtuch gießen.

Weißer Geflügelfond

Vorbereitungszeit: 30 Minuten
Kochzeit: 3 bis 3 Stunden 30 Minuten

Für 3 bis 4 l Brühe: 2 kg Geflügelklein (Hals, Magen, Flügelspitzen oder 1 Suppenhuhn), 2 Karotten, 2 Zwiebeln, ½ Knollensellerie, 2 Stangen Lauch, 3 Knoblauchzehen, 6 l Wasser, 1 Bund Suppengrün

Das Geflügelklein oder Suppenhuhn in einen großen Schmortopf geben, mit Wasser auffüllen und zum Kochen bringen.
Abschäumen und leicht salzen. Das Gemüse zugeben und drei Stunden bei schwacher Hitze ziehen lassen. In der Zwischenzeit immer wieder abschöpfen, um eine klare Brühe zu erhalten. Den Geflügelfond nach dem Kochen durch ein Haarsieb streichen und sorgfältig entfetten.
Der Geflügelfond wird bei der Zubereitung der »Kutteln in Riesling« (siehe Rezept S. 152) verwendet.

Brauner Kalbsfond

Vorbereitungszeit: 30 Minuten
Kochzeit: 6 bis 7 Stunden

Für 3 bis 4 Liter Brühe: 2 kg Kalbfleischreste, 4 kg Kalbsknochen kleingehackt, 300 g frische Schwarte, 2 Karotten, 2 Zwiebeln, ½ Sellerieknolle, 3 Knoblauchzehen, 6 l Wasser, 1 Bund Suppengrün, 1 El Öl

Kalbsfleisch schneiden und unter die Knochen mischen.
Auf eine eingeölte, flache feuerfeste Form legen und im vorgeheizten Ofen (200°) unter häufigem Wenden goldgelb werden lassen. In der Zwischenzeit das Gemüse waschen, in grobe Würfel schneiden und mit der fetten Schwarte in einen Schmortopf geben. Das Fleisch hinzufügen und alles unter häufigem Umrühren schmoren lassen.

Das Fett abschütten, mit Wasser auffüllen und zum Kochen bringen. Bei schwacher Hitze ziehen lassen. Regelmäßig und sorgfältig abschöpfen.
Wenn nötig, Wasser nachfüllen, um nach der Kochzeit 3 bis 4 Liter Brühe zu erhalten.
Diese Brühe durch ein Haarsieb streichen und entfetten. Der braune Kalbsfond wird bei der Zubereitung vieler Fleischrezepte, besonders beim Schmoren verwendet.

Wildfond

Vorbereitungszeit: 30 Minuten
Kochzeit: 3 Stunden 30 Minuten

Für ¾ l Brühe: 2 kg kleingehackte Wildknochen, 1 Karotte, 1 Zwiebel, 3 ungeschälte Knoblauchzehen, 1 Prise Thymian, 1 kleines Lorbeerblatt, 6 Wacholderbeeren, 50 g Mehl, 5 dl Rotwein, Pfeffer, 2 l brauner Kalbsfond (siehe Rezept S. 93), 50 g Butter

Die kleingehackten Wildknochen in einem Schmortopf 5 bis 10 Minuten in Butter anbraten. Das geschnittene Gemüse zugeben und mit Mehl bestreuen. Zum Bräunen die Kasserolle kurz in den auf 200° vorgeheizten Ofen schieben.
Wieder auf die Platte zurückstellen, mit dem Rotwein auffüllen und einkochen lassen. Die Gewürze und den Kalbsfond zugeben. Erneut 3 Stunden langsam kochen lassen. Immer wieder sorgfältig abschäumen.
Durch ein Haarsieb in eine Schüssel streichen und erkalten lassen. Von Zeit zu Zeit umrühren. Dieser Fond wird für die Zubereitung von Wildsaucen, Pfeffersaucen (siehe Rezept S. 98) und als Zugabe zu Reh-, Hirsch-, Hasen- und Wildschweinbraten verwendet.

Fleischextrakt

Kochzeit: 90 Minuten

3 oder 4 l weißer Geflügel- (siehe Rezept S. 93) oder brauner Kalbsfond (siehe Rezept S. 93)

Fleischextrakt entsteht durch Reduktion brauner oder weißer Grundbrühen.
Die Brühe erhitzen und bei schwacher Hitze kochen. Häufig sorgfältig abschöpfen.
Entsprechend der Verringerung der Flüssigkeit in einen immer kleineren Topf umfüllen. Beim Abschöpfen die Eindikkung genau verfolgen.
Der Fleischextrakt ist fertig, wenn die Brühe sich zu einer eingedickten, glänzenden Masse reduziert hat.
Er wird benötigt, um den braunen Saucen mehr Gehalt zu geben.

Fischfond

Vorbereitungszeit: 10 Minuten
Kochzeit: 25 Minuten

Für 2 bis 3 l Brühe: 1 geschnittene Zwiebel, 1 geschnittene Lauchstange, 2 kg Fisch (vorzugsweise Seezunge, Steinbutt, Meer- oder Seehecht und Weißfisch), 3 l Wasser, Saft einer halben Zitrone, 1 Bund Suppengrün, 50 g Butter

Butter in einem großen Schmortopf erhitzen. Die Fische in Stücke schneiden und mit dem Gemüse darin dünsten. Mit Wasser auffüllen. Den Saft der Zitrone und das Suppengrün hinzufügen.
Aufkochen und 25 Minuten bei schwacher Hitze kochen lassen. Sorgfältig abschöpfen.
Diese Brühe wird unter anderem zur Zubereitung der Krebse nach elsässischer Art (siehe Rezept S. 130), der Seezunge mit

Traminer (siehe Rezept S. 142) und dem Seezungenfilet mit Nudeln (siehe Rezept S. 141) verwendet.

Béchamelsauce (Milchsauce)

Vorbereitungszeit: 5 Minuten
Kochzeit: 20 Minuten

40 g Butter, 50 g Mehl, 1 l Milch, Salz und Pfeffer, Muskat.
Zur Verfeinerung: 2 dl Sahne, 100 g Butter

Die Butter in einem Schmortopf zerlassen, das Mehl dazugeben und gut mischen. Langsam 5 Minuten kochen lassen, aber nicht anbräunen. Kalt stellen. Inzwischen die Milch zum Kochen bringen und mit dem Schneebesen in die Mehlschwitze gut einrühren.
Mit Salz, Pfeffer und Muskat würzen. Diese Sauce bei schwacher Hitze 30 Minuten ziehen lassen, immer wieder umrühren, damit sich keine Klümpchen bilden.
Am Schluß zur Verfeinerung Sahne und Butter hinzufügen.

Krebssauce

Vorbereitungszeit: 40 Minuten
Kochzeit: 1 Stunde

24 Krebse, 100 g Butter, 5 cl Öl, ½ Sellerieknolle, 1 Karotte, 1 Stange Lauch, 3 Schalotten, 1 Tl Tomatenketchup, 1 Tl Estragon, 1 Tl feingehackte Petersilie, 3 dl Crème fraîche

Die Krebse nach dem Rezept »Krebse elsässischer Art« (S. 130) vorbereiten.
Mit einem Schaumlöffel aus dem Sud nehmen, die Schwänze schälen und beiseite stellen. Die Schalen der Krebse in einer Schmorpfanne zerdrücken und in Öl leicht anbraten. Petersilie und Estragon zugeben. Mit dem Kochsud auffüllen und 20 Minuten schmoren lassen.

Crème fraîche hinzufügen und noch einmal 5 Minuten kochen lassen. Die Sauce durch ein Haarsieb passieren. Butter einrühren und abschmecken.
Die geschälten, heißen Krebsschwänze hinzufügen.
Krebssauce schmeckt besonders gut zu Forellen- und Hechtpastete (siehe S. 135) und gefüllter Forelle (siehe S. 135).

Holländische Sauce

Vorbereitungszeit: 25 Minuten
Kochzeit: 15 Minuten

250 g Butter, 3 Eigelb, 1 El Essig, Pfeffer, 2 El Wasser, Saft einer halben Zitrone, Salz

Essig und Pfeffer in eine kleine Schmorpfanne geben und etwas verdampfen lassen.
Abkühlen. Eigelb und Wasser hinzufügen. Gut mischen und bei sehr schwacher Hitze auf der Ecke einer Platte oder in einem Wasserbad unter ständigem Rühren erwärmen.
Solange rühren, bis die Masse cremig ist. Die zerlassene Butter löffelweise unterrühren, heftig weiterschlagen, bis die Butter ganz untergerührt ist und die Sauce eine schöne, dichte Konsistenz hat. Würzen.
Mit dem Saft der Zitrone abschmecken und im Wasserbad warmhalten.

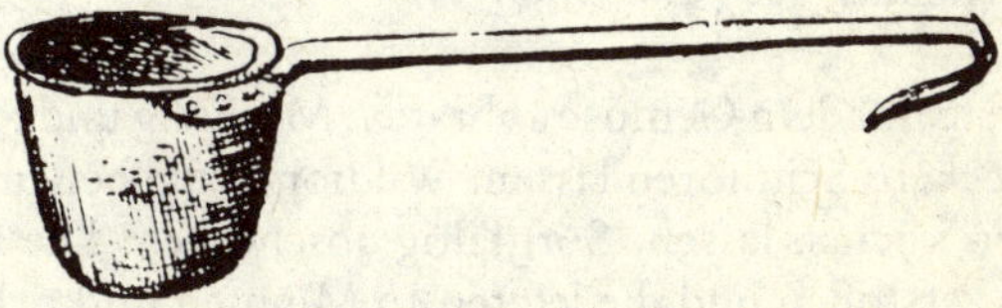

Mayonnaise

Vorbereitungszeit: 10 Minuten
Kochzeit: 3 Minuten

2 Eier, ½l Öl (Nuß- oder Olivenöl), Salz, 5 El Weinessig, 1 El Senf

Die Eier aufschlagen und das Eiweiß sorgfältig vom Eigelb trennen. (Das Eiweiß kann für einen anderen Zweck verwendet werden.) Das Eigelb in eine hohe Schüssel geben und salzen. Das Öl unter ständigem Rühren schlagen, zuerst tropfenweise, dann immer mehr unterrühren. Schon kurz nach der ersten Ölzugabe muß die Mayonnaise steif sein.
Wenn alles Öl verbraucht ist, Essig in einen Topf füllen und aufkochen lassen. Den kochenden Essig über die Mayonnaise schütten und zwei bis drei Minuten weiterschlagen.
Um eine gut gewürzte Mayonnaise zu erhalten, gibt man, zusammen mit dem Essig, je nach Geschmack, einen Eßlöffel Senf oder auch mehr zu. Dieses Mayonnaisenrezept ist unter vielen anderen original elsässisch und stammt aus dem 18. Jahrhundert.

Pfeffersauce

Vorbereitungszeit: 15 Minuten
Kochzeit: 2 Stunden 15 Minuten

1 Karotte, 1 Zwiebel, etwas Thymian, Teil von einem Lorbeerblatt, Wildreste, 2 dl Essig, 5 dl Rotwein, 2 l brauner Wildfond, 10 Pfefferkörner, 100 g Butter, Öl

Wildreste mit dem Gemüse anbraten. Mit Essig und Rotwein abschrecken. Schmoren lassen. Wildfond zugeben und zwei Stunden kochen lassen. Sorgfältig abschöpfen. Die Pfefferkörner zerstoßen und die letzten 10 Minuten mitkochen lassen. Die Sauce durch ein Haarsieb passieren, abschmecken und Butter unterrühren.

Sauce mit Pinot rouge

Vorbereitungszeit: 10 Minuten
Kochzeit: 15 Minuten

8 Schalotten, 2 dl Pinot rouge, 2 dl Kalbsfond (siehe Seite 93), ½ Lorbeerblatt, 1 Messerspitze Thymian, 80 g Butter, Salz und Pfeffer

In einer Pfanne die Hälfte der Butter erhitzen und die gehackten Schalotten darin glasig werden lassen. Nach 5 Minuten unter großer Hitze mit Pinot rouge abschrecken und schmoren lassen.
Lorbeerblatt, Thymian und Kalbsfond zugeben und acht bis zehn Minuten kochen lassen.
Die Sauce durch ein Sieb passieren und die Butter unterziehen. Würzen.

Meerrettichsauce

Vorbereitungszeit: 15 Minuten
Kochzeit: 20 Minuten

200 g geriebener Meerrettich (frisch oder aus dem Glas), 20 g Butter, 20 g Mehl, 2 dl Milch, 1 dl Sahne, 50 g Butter zum Abrunden, Saft einer halben Zitrone, Salz und Pfeffer, evtl. einen Schuß Essig

Mit der Butter, dem Mehl und der Milch eine Béchamelsauce bereiten (siehe S. 96).
Meerrettich in die Sauce geben und bei schwacher Hitze unter ständigem Umrühren kochen lassen.
Salzen und pfeffern, süße Sahne unterziehen und weitere 5 Minuten kochen lassen.
Die Sauce mit der Butter und dem Zitronensaft abrunden. (Je nach Geschmack kann man einen Schuß Essig hinzufügen.)
Diese Sauce paßt zu Suppenfleisch, zu gesalzenem, geräuchertem und kaltem Fleisch. (In diesem Fall kann sie auch kalt serviert werden.)

Remouladensauce

Zubereitung: 5 Minuten

Gut gewürzte, gewöhnliche Mayonnaise (siehe Seite 98), 1 El Senf, 2 Schalotten, 1 El Petersilie, Kerbel, 50 g gehackte Cornichons, 1 Tl Kapern

Die Schalotten sehr fein hacken und mit allen Zutaten mischen.
So lange schlagen, bis eine gleichmäßige Masse entstanden ist. Diese Sauce ergänzt viele Gerichte, sie paßt besonders zu gebackenem Karpfen (siehe S. 139).

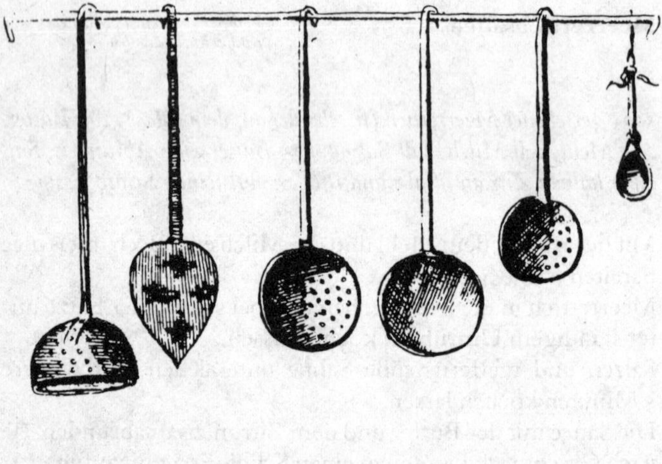

GEWÜRZMISCHUNGEN

Elsässische Viergewürzmischung · Gewürzsalz

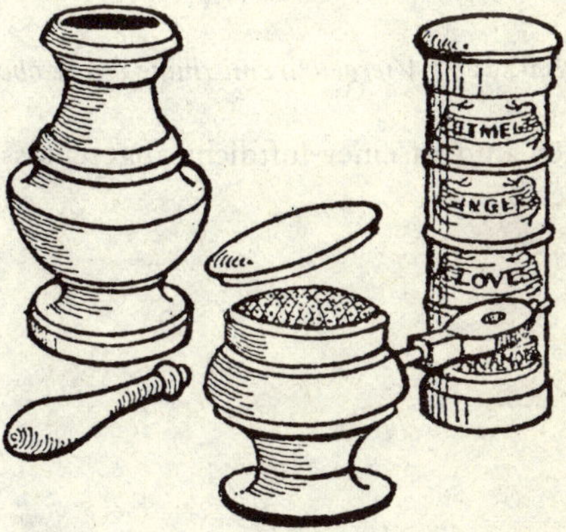

Elsässische Viergewürzmischung

Zubereitung: 5 Minuten

50 g gemahlener schwarzer Pfeffer, 25 g geriebene Muskatnuß, 15 g Nelkenstaub, 10 g Ingwerpuder

Diese Gewürzmischung schmeckt deutlich anders, wenn man sie tafelfertig kauft. Die Elsässer bereiten sie am liebsten selbst zu und haben immer etwas davon im Gewürzschrank. Um die Mischung noch würziger zu machen, kann man für einige Gerichte 5 g Piment aus Jamaika oder 1 Messerspitze Zimt hinzufügen.

Gewürzsalz

Zubereitung: 5 Minuten

250 g feines Salz, 20 g Viergewürzmischung (siehe oben)

Gut mischen und in einer luftdicht abgeschlossenen Dose aufbewahren.

EIERSPEISEN

Eierkuchen · Spiegeleier auf Gänseleber · Grundrezept für Omelettes · Kräuteromelette · Omelette mit Speck · Omelette mit Krebsschwänzen · Omelette mit Froschschenkeln · Omelette mit Kartoffeln

Eierkuchen

Vorbereitungszeit: 10 Minuten
Backzeit: 2 Minuten pro Eierkuchen

300 g Mehl, 6 Eier, 3 dl Milch, 1 dl Sahne, 50 g Nußbutter, Salz und Pfeffer, 1 Prise geriebene Muskatnuß, 1 El gehackte Petersilie und gehackter Schnittlauch
Dazu empfohlener Wein: Sylvaner

Mehl, Salz, wenig Pfeffer und eine Prise Muskat in eine Schüssel geben. Sorgfältig mit Milch und Sahne verrühren. Die vorher geschlagenen Eier hinzufügen. Zum Schluß Butter und Gewürze untermischen. Gut verrühren, damit sich keine Klumpen bilden.
In einer Pfanne Butter auslassen. Einen kleinen Schöpflöffel Teig einfüllen und auf beiden Seiten goldgelb backen.
Mit grünem Salat heiß servieren.
Dies ist ein ausgezeichnetes Eierkuchenrezept. Durch die Sahne werden sie weicher als gewöhnlich und durch die Gewürzmischung herzhafter.
In den elsässischen Familien sind sie als winterliches Abendessen und zum Aschermittwoch sehr beliebt.

Spiegeleier auf Gänseleber

Vorbereitungszeit: 5 Minuten
Backzeit: 3 Minuten

12 Eier, 250 g Gänseleber, 1 dl Portwein, 120 g Butter, 1 dl rote Pinotsoße (siehe S. 99), Salz und Pfeffer
Dazu empfohlener Wein: Pinot noir, Sylvaner

In sechs kleine Eierpfännchen jeweils 20 g Butter geben. Die Gänseleber in kleinen Stücken darauf verteilen und langsam erwärmen.
Mit dem Portwein übergießen und die Eier darüberschlagen; zwei in jede Pfanne. Leicht salzen und pfeffern. In den auf

200° vorgeheizten Ofen schieben und ungefähr 3 Minuten überbacken. Die fertigen Spiegeleier aus dem Ofen nehmen und das Eiweiß vor dem Servieren mit ein wenig roter Pinotsauce übergießen. Ein sehr einfaches Rezept der hohen Kochkunst.

Grundrezept für Omelettes

Vorbereitungszeit: 2 Minuten
Backzeit: 5 Minuten

Auf dem Land, vor allem in den Dörfern, die sich an die schroffen Abhänge der Vogesen schmiegen, ist das Omelette sehr beliebt. Es wird auf hunderterlei Weise hergestellt: mit geräuchertem Speck, mit Kräutern, mit Kartoffeln, mit Wurst. Immer aber wird auf zwei Eier ein Eßlöffel Bier zugegeben. So ist das elsässische Omelette weicher, lockerer und auch leichter verdaulich als üblich.

2 oder 3 Eier pro Person, 1 El Bier (oder Wasser), 30 g Butter, Salz und Pfeffer

Die Eier in einer Schüssel verschlagen. Würzen. Bier oder Wasser hinzufügen. Um besonders luftige Omelettes zu erhalten, darf der Teig nicht zu heftig geschlagen werden.
Das Fett in einer Pfanne erhitzen.
Die Eier in die heiße Pfanne geben und das Omelette von Zeit zu Zeit mit einer Gabel bewegen. Zusammenklappen und heiß servieren.
Für ein gutes Gelingen des Omelettes ist es empfehlenswert, nicht mehr als 6 Eier zu verwenden.

Kräuteromelette

Vorbereitungszeit: 5 Minuten
Backzeit: 5 Minuten

1 Schale Grundteig für Omelettes (siehe links), 1 El geschnittene Petersilie, 1 El Schnittlauch
Dazu empfohlener Wein: Sylvaner, Pinot noir

Die Kräuter unter den Teig mischen. Das Omelette in die Pfanne geben.
Den Teller vorwärmen und das Omelette heiß essen.
Dieses Kräuteromelette ist besonders beliebt, wenn es gerade frisch gebraten und stark gewürzt ist.

Omelette mit Speck

Vorbereitungszeit: 10 Minuten
Backzeit: 5 Minuten

1 Schale Grundteig für Omelettes (siehe S. 105), 40 g magerer geräucherter Speck pro Person
Dazu empfohlener Wein: Tokayer, Pinot noir

Den Speck in kleine Stücke schneiden, 1 Minute in kochendem Wasser blanchieren und in eine heiße Pfanne geben. Kurz anbraten, dann die geschlagenen Eier hinzufügen. Die weitere Zubereitung wie üblich.
Achtung:
Es ist ratsam, das Omelette nicht zu salzen, da der Speck trotz des Auswässerns im kochenden Wasser salzig genug ist. Sie können aber auch halb gesalzenen Speck verwenden.
Die Vorliebe für geräucherten bzw. gesalzenen Speck variiert je nach dem elsässischen Gebiet und findet sich auch in vielen anderen, auf der Basis von Speck und Wurst zubereiteten Speisen wieder: besonders bei Gemüseeintöpfen und Sauerkrautbeilagen.

Omelette mit Krebsschwänzen

Vorbereitungszeit: 15 Minuten
Backzeit: 15 Minuten

12 Eier, Krebsschwanzragout aus 24 Krebsen (siehe S. 132), 2 Prisen Salz und Pfeffer, 100 g Butter
Dazu empfohlener Wein: Sylvaner, Riesling, Tokayer

Ein oder noch mehrere Omelettes zubereiten (siehe S. 105).
Die fertigen Omelettes mit zwei Drittel des Krebsschwanzragouts füllen und übereinanderschlagen.
Auf einer heißen Platte anrichten und mit dem Rest des Krebsschwanzragouts garnieren.

Omelette mit Froschschenkeln

Vorbereitungszeit: 10 Minuten
Backzeit: 20 Minuten

12 Eier, 18 Froschschenkel, 1 dl Sylvaner, 1 dl Sahne, 200 g Butter, 1 Schalotte, 1 El Schnittlauch, Salz und Pfeffer
Dazu empfohlener Wein: Sylvaner, Riesling

Ein Stück Butter in einer Schmorpfanne erhitzen. Die Froschschenkel zugeben und schmoren lassen. Salzen und pfeffern. Die gehackte Schalotte darüberstreuen.
Nach 5 Minuten mit dem Sylvaner ablöschen und weitere 5 Minuten schmoren.
Die Froschschenkel nach dem Braten abtropfen und erkalten lassen. Abschälen.
Den Bratensud mit Sahne binden. Abschmecken und diese Sauce mit wenig Butter abrunden. Die Froschschenkel zugeben, mit dem gehackten Schnittlauch bestreuen und warm stellen.
Die Omelettes zubereiten. (Am besten zwei oder drei.) Auf einer Platte anrichten, der Länge nach durchschneiden und mit dem Froschschenkelragout füllen.

Sehr heiß servieren.
Dieses Omelette war vor dem Ersten Weltkrieg in der Rheinebene sehr beliebt, als die Sümpfe noch nicht durch den Bau des großen elsässischen Kanals entwässert und die Frösche dort sehr leicht zu fangen waren.

Omelette mit Kartoffeln

Vorbereitungszeit: 30 Minuten
Backzeit: 15 Minuten

1 Schale Grundteig für Omelettes (siehe S. 105), 100 g Kartoffeln pro Person, 1 gehackte Zwiebel, 1 Kaffeelöffel Petersilie, 50 g Butter
Nach Belieben: 40 g magerer Speck pro Person

Die Kartoffeln kochen und schälen. In dünne Scheiben schneiden und mit der gehackten Zwiebel in einer Pfanne goldgelb braten.
Den geschlagenen Omeletteteig darübergießen. Zudecken.
Heiß servieren.
In den Bergtälern wird zu den Kartoffeln nach der Hälfte der Bratzeit geschnittener Speck hinzugefügt. Nach 5 Minuten, wenn die Speckstreifen schön knusprig sind, wird der Omeletteteig darübergegossen.
Dieses Omelette ist zu allen Jahreszeiten sehr beliebt.

VORSPEISEN

Weißkrautsalat · Cervelatwurstsalat · Ochsenmaulsalat · Senfgurken · Essiggurken (oder Essigzwiebeln) · Maizwiebelsalat · Salat aus kleinen roten Rüben · Perlzwiebeln »Bauern Art« · Pflaumen in Essig · Preiselbeeren süß-sauer · Hausmacher Preßkopf · Frische Heringsfilets, mariniert · Heringsfilet in Senfsauce · Fasanterrine · Gänseleberterrine · Gänseleberpastete · Gänseleberschnitzel mit Renetten · Zwiebelkuchen · Elsässische Champignontorte · Flammenkuchen · Heiße Pastete · Pastete aus dem Munstertal · Schnecken nach elsässischer Art · Zubereitung von Schnecken aus der Dose · Schneckenbutter

Weißkrautsalat

Zubereitung: 30 Minuten

1 mittelgroßer Kopf Weißkohl, 2 dl Weinessig, 200 g gesalzener oder geräucherter Speck, oder je 100 g von jeder Sorte, Salz und Pfeffer
Dazu empfohlener Wein: Sylvaner

Den Kohl in feine Streifen schneiden, mit Salz und Pfeffer würzen. Essig zum Kochen bringen und den Kohl damit abbrühen.
Den Speck in feine Streifen schneiden und mit ein wenig Schmalz in einer Pfanne anbraten.
Die Speckstreifen in einem Sieb abtropfen lassen und unter den Kohl mischen. Abschmecken.
Dieser Salat, der ursprünglich aus der elsässischen Ebene kommt, paßt ausgezeichnet zu deftigeren Speisen.

Cervelatwurstsalat

Zubereitung: 20 Minuten

6 Cervelatwürste, 1 Zwiebel, 2 mittelgroße Tomaten, 3 Salatblätter, Salz und Pfeffer, Essig, Öl und Senf, 1 Prise gehackte Petersilie, 3 hartgekochte Eier
Dazu empfohlener Wein: Sylvaner, Traminer

Die Cervelatwürste häuten, der Länge nach aufschneiden und die gewölbte Seite mehrmals schräg einschneiden. Auf einer runden oder ovalen Platte anrichten; die Salatblätter in die Mitte legen und mit den, der Länge nach in zwei Hälften geschnittenen Eiern garnieren. Die Tomaten waschen, vierteln und auf der Platte verteilen.
Eine Essigsauce nach eigenem Geschmack zubereiten und über Tomaten, Eier und Cervelatwürste gießen. Zum Schluß mit Zwiebelstücken und gehackter Petersilie garnieren.

Ochsenmaulsalat

Zubereitung: 15 Minuten

1 kg Ochsenmaul, vom Metzger geschnitten, 2 dl Öl, 1 dl Weinessig, 1 El Senf, 1 Zwiebel, Salz und Pfeffer, 1 El Schnittlauch, Kerbel und gehackte Petersilie, 2 Tomaten, 3 hartgekochte Eier

Mit Senf, Essig, Öl, Salz und Pfeffer eine Essigsoße bereiten. Die gehackte Zwiebel und die Gewürzkräuter hinzufügen. Die Essigsoße in eine Salatschüssel geben, die Ochsenmaulstücke darüberschütten und gut mischen.
Auf einem oder mehreren Salattellern anrichten. Abwechselnd mit Tomatenvierteln und Eiern garnieren.
Ein klassisches Rezept, das man auch in anderen Provinzen findet.

Senfgurken

Vorbereitungszeit: 1 Stunde
Kochzeit: 30 Minuten

2 Gurken, 2 dl weißer Essig, 2 dl Wasser, 1 Prise grobkörniges Salz, 1 El feiner Zucker, 1 Tl Essiggurkengewürz, 1 El Senf aus Dijon

Die Gurken schälen, entkernen, der Länge nach in vier Teile schneiden und in 4 cm große Stücke würfeln. Mit einer Prise Salz in ein Sieb geben und eine Stunde wässern.
Die Gurkenstücke in eine Schüssel füllen, den Senf hinzufügen und gut unterrühren.
Essig und Wasser zum Kochen bringen. Zucker und Essiggurkengewürz zugeben.
Die Essigmischung kochend über die Gurken schütten. In einem Einmachglas luftdicht verschließen und im Kühlschrank aufbewahren.
Senfgurken passen zu allen kalten Speisen und zu Wurstplatten.

Essiggurken
(oder Essigzwiebeln)

1 kg Pfeffergurken (möglichst kleine auswählen), 1 kg Zwiebeln (auch hier die kleinsten aussuchen), 3 dl weißer Essig, 2 Handvoll grobkörniges Salz, 2 große Estragonzweige, 20 schwarze Pfefferkörner

Die Enden der Pfeffergurken abschneiden, waschen und abtrocknen. In ein Gefäß füllen, Salz darüberschütten und einen Tag wässern. (Wenn die Gurken sehr groß sind, diesen Vorgang noch einmal wiederholen.) Die Gurken nach dem Wässern gut abtrocknen.
Die Zwiebeln schälen.
Das gewaschene und getrocknete Estragon auf den Boden eines Einmachglases legen. Die Gurken oder Zwiebeln oder beides gemischt darüberschichten und die Pfefferkörner dazwischen verteilen. Mit Essig auffüllen. Noch einen Estragonzweig hineingeben. Das volle Einmachglas luftdicht verschließen.
Während des ersten Monats den Wässerungsvorgang jede Woche überprüfen und, wenn nötig, Essig zuschütten. Die Gewürze müssen gut bedeckt bleiben.
Die Essiggurken werden u. a. kalt zu vielen Wurstplatten, zu gebratenem oder geschmortem Fleisch, zum Suppenfleisch und zum Gemüseeintopf gegessen.

Maizwiebelsalat

Vorbereitungszeit: 20 Minuten
Kochzeit: 5 Minuten

1 kg kleine Maizwiebeln (eine Art Frühgemüse), 1 dl Weinessig, 1 dl Olivenöl, 1 El Zucker, Salz und Pfeffer

Die in einer Schale mit Essigwasser (damit die Augen nicht tränen) geschälten Zwiebeln in sehr feine Scheiben schneiden. Sie haben fast noch keine Haut und schälen sich deshalb sehr leicht. In heißem Wasser abbrühen.
Unter einem kalten Wasserstrahl abschrecken. Abtropfen lassen. In ein Gefäß geben, Salz, Pfeffer und Zucker hinzufügen, mit Essig und Öl übergießen. Umrühren.
Dieser kleine Salat ist besonders in der Ebene sehr beliebt und paßt gut zu kalten Gerichten und Wurstplatten.

Salat aus kleinen roten Rüben

Vorbereitungszeit: 10 Minuten
Kochzeit: 20 Minuten
Marinieren: 12 Stunden

1 kg kleine rote Rüben, 2 Zwiebeln, 1 dl Weinessig, 1 Prise Kristallzucker, ½ Lorbeerblatt, 2 Gewürznelken, 1 Prise grobes Salz, 2 Messerspitzen Pfeffer, 1 El grobes Salz, 1 El Petersilie
Dazu empfohlener Wein: Sylvaner

Die Blätter ganz kurz von den Rüben abschneiden, ohne diese einzuschneiden. Grobes Salz, 2 l Wasser und die Rüben in einen Schmortopf geben. Ungefähr 20 Minuten kochen lassen. Darauf achten, daß die Rüben »knackig« bleiben und sich nicht so leicht mit der Nadel durchstechen lassen. Mit kaltem Wasser abschrecken, unter laufendem Wasser schälen. In eine Schüssel geben, mit Salz und Pfeffer würzen, die in Scheiben geschnittene Zwiebel hinzufügen. Mit Essig auffüllen, zuckern. Das Lorbeerblatt und die Gewürznelken zugeben und eine Nacht marinieren. Falls nötig, etwas Essig

hinzufügen. Die Rüben müssen gut bedeckt sein. Kurz vor dem Servieren einen Teil der Marinade abschütten. Nach Belieben mit geschnittener Petersilie garnieren.
Ein ursprünglich aus dem unteren Elsaß stammendes Gericht der Ebene. Es ist erfrischend und schmeckt ausgezeichnet als Vorspeise.

Perlzwiebeln »Bauern Art«

Vorbereitungszeit: 30 Minuten
Kochzeit: 5 Minuten

500 g Perlzwiebeln, ¼ l weißer Essig, ¼ l Wasser, 1 El feiner Zukker, 1 Prise Salz, 50 g Korinthen, 1 El Tomatenmark, 1 El Essiggurkengewürz (schwarze Pfefferkörner, Gewürznelken und Cayennepfeffer)

Die Zwiebeln schälen. Damit die Augen nicht tränen, in einer Schale mit Essigwasser arbeiten. Die Zwiebeln in einen Schmortopf geben. Mit Wasser und Essig beschichten. Salz, Zucker, Essiggurkengewürz und Korinthen hinzufügen. 5 Minuten kochen lassen. Die Zwiebeln sollen knackig bleiben.
Zum Schluß das Tomatenmark zugeben.
Heiß in ein Einmachglas füllen und luftdicht verschließen, abkühlen lassen.
Als Beilage zu den verschiedensten Gerichten, zu Fleisch, Wurst und Fleischpasteten kalt servieren.
In der gleichen Weise lassen sich Stachelbeeren zubereiten.
Ein typisch elsässisches Rezept, ursprünglich aus dem Weingebiet.

Pflaumen in Essig

Marinieren: 2 Tage
Vorbereitungszeit: 3 Tage jeweils
Kochzeit: 20 Minuten

2 kg Pflaumen, 1 kg grobkörniger Zucker, 1 l weißer Essig, ½ Lorbeerblatt, 1 Prise Zimt, 8 bis 10 Gewürznelken

Sehr reife Pflaumen mit Stiel auswählen. Mit einem Tuch abwischen und trocknen und mit einer Holz- oder Silbernadel anstechen. (Jedes andere Material schadet der Haltbarkeit und dem Geschmack des Fruchtfleisches.)
Die Pflaumen auf einen tiefen Porzellanteller oder in einen Tontopf geben. Mit Zimt bestreuen, Gewürznelken zugeben. Essig mit Zucker aufkochen lassen und heiß über die Pflaumen gießen. Zugedeckt zwei Tage marinieren.
Die Marinade am dritten Tag abgießen, aufkochen und wieder über die Pflaumen gießen.
Am folgenden vierten Tag alles in einen Kupfer- oder emaillierten Schmortopf geben, ungefähr 20 Minuten kochen lassen, bis die Pflaumen aufspringen.
Die Pflaumen mit einem Holz- oder Silberlöffel in Einmachgläser füllen. Den Sirup einkochen und darübergießen. Die Gläser luftdicht verschließen.
Ein Rezept aus der Ebene; ausgezeichnet zu Siedfleisch, Gemüse-Fleisch-Topf und Wildgerichten.

Preiselbeeren süß-sauer

Vorbereitungszeit: 10 Minuten
Kochzeit: 10 Minuten

1 kg Preiselbeeren, 500 g Kristallzucker, 2 dl weißer Weinessig

Die frisch gepflückten Preiselbeeren in einen Marmeladentopf oder in eine Kasserolle aus Edelstahl geben. Zucker und Essig hinzufügen und 10 Minuten kochen lassen.
Nach dem Kaltwerden die Preiselbeeren in Gläser füllen.

Im Kühlschrank aufbewahren. Die Preiselbeeren sind eine vorzügliche Beilage, vor allem zu Wild.

Hausmacher Preßkopf

Marinieren: 2 Tage
Vorbereitungszeit: 1 Stunde
Kochzeit: 2 Stunden

Für 6 bis 8 Personen:
1 Schweinskopf mit Zunge und Ohren, 3 Karotten, ⅓ Sellerieknolle, 2 Stangen Lauch, 5 Gewürznelken, 8 Knoblauchzehen, 1 Zwiebel, 1 Tl Thymian, ½ Lorbeerblatt, 2 Prisen Salz, 2 Messerspitzen Pfeffer, 6 Petersilienstengel, 6 Wacholderbeeren, 10 schwarze Pfefferkörner, 6 Essiggurken
Für die Marinade: 3 El Öl, 2 El Weinessig, 1 Tl Senf, 1 Prise Salz, 2 Messerspitzen frisch gemahlener Pfeffer.
Dazu empfohlener Wein: Sylvaner

Den Schweinskopf der Länge nach in zwei Stücke schneiden. (Am besten in der Metzgerei vorbereiten lassen.)
Die Schweinskopfhälften waschen, mit Salz, Pfeffer und 4 feingehackten Knoblauchzehen einreiben. Zwei Tage ruhen lassen. Von Zeit zu Zeit immer wieder mit Salz, Pfeffer und Knoblauch einreiben.
Den marinierten Schweinskopf in einen Kochtopf geben und mit Wein und Wasser übergießen, aufkochen lassen und sorgfältig abschäumen.
Karotten, Sellerie und Lauch schneiden und mit Gewürznelken, Thymian, Lorbeer, ein wenig Petersilie, Wacholderbeeren, einer ungeschälten Zwiebel, 4 Knoblauchzehen und Pfefferkörnern zugeben.
Das Fleisch bei schwacher Hitze zwei Stunden garkochen, dann aus der Brühe nehmen, ausbeinen und in mittelgroße Stücke schneiden. Die Fleischstücke in einen Schmortopf geben, Brühe durch ein Sieb streichen, 10 Minuten schmoren lassen.

Nach Belieben gewürfelte Essiggurken hinzufügen. Abschmecken und zum Abkühlen in eine tiefe Form legen. Sie können eine große oder mehrere kleine Formen benutzen.
In Scheiben geschnitten, auf einer Platte mit Petersilienstengel garniert servieren. Dazu in einer Extraschüssel eine gut gewürzte Essigsauce.
Als Beilage passen Radieschen, Gurken- und Tomatensalat.
Dieses Gericht wurde auf allen elsässischen Bauernhöfen vor Weihnachten, nach dem Schlachttag gegessen. Heute hat es sich als typisches Essen der Provinz durchgesetzt.

Frische Heringsfilets, mariniert

Vorbereitungszeit: 20 Minuten
Marinieren: 2 mal 2 Tage

12 frische Heringsfilets (im Fischgeschäft vorbereiten lassen), 3 El grobes Salz, ½ l Sylvaner, 1 Prise Zucker, 2 Karotten, 2 mittelgroße Zwiebeln, 4 Knoblauchzehen, 1 Stange Lauch, ½ Lorbeerblatt, 2 Gewürznelken, 1 El Pfefferkörner

Die Heringe in einem Tontopf dicht nebeneinander legen und mit Salz bedecken. Zwei Tage stehen lassen.
Unter fließendem Wasser waschen und gut abtropfen lassen.
Wieder in die Schüssel legen und mit den, in dünnen Scheiben geschnittenen Karotten, Zwiebeln, der Lauchstange, den zerdrückten Knoblauchzehen, dem Zucker, dem Lorbeer, den Gewürznelken, den Pfefferkörnern und dem Weißwein marinieren.
Frühestens nach zwei Tagen servieren.

Eine Variante:
Heringsfilet in Senfsauce

Jeweils 2 Eßlöffel Senf, Sahne und Marinade verrühren. Die abgetropften Heringsfilets mit dieser Sauce übergießen und mit dünnen Zwiebelscheiben garnieren.
Beide Rezepte stammen aus dem Mittelalter. Hering wurde im Elsaß schon immer gegessen. Seit der Hansezeit wird er mit Schiffen über den Rhein eingeführt.
Die im Elsaß zubereiteten Heringe waren sehr beliebt. Sie erschienen auf allen Tafeln: der kaiserlichen, den adligen und kirchlichen des Heiligen Römischen Reiches.

Fasanterrine

Vorbereitungszeit: 1 Stunde
Backzeit: 1 Stunde 30 Minuten
Erkalten: 1 Tag

Einlage: 1 Fasan, 100 g gekochten Schinken, 200 g Gänseleber, 100 g fetten Speck, 50 g Pistazien, 80 g Trüffel, 5 cl Cognac, 5 cl Madeira, 5 cl Weißwein, 10 g Gewürzsalz (siehe S. 102), 2 Schalotten, 3 cl brauner Kalbsfond (siehe S. 93) oder Rindfleischbrühe
Füllung: 100 g Schweinefilet, 100 g Kalbsnuß, 200 g fetten Speck, 100 g Champignons, Fasanleber, 2 Geflügellebern, 50 g Butter, 10 g Gewürzsalz (siehe S. 102), 1 Speckscheibe, 5 cl Cognac, 5 cl Madeira, 1 Stengel Thymian, ½ Lorbeerblatt
Dazu empfohlener Wein: Riesling, Pinot noir

Gänseleber, Schinken, Speck und Trüffel in kleine Stücke schneiden. Die geschälten Pistazien hinzufügen. Das Ganze in eine Form geben. Mit dem Gewürzsalz würzen.
Fasan von den Knochen lösen (man kann das beim Metzger machen lassen), Knochen und Leber zurücklegen. Die Haut abziehen, Sehnen von den Keulen entfernen, Fleisch in kleine Stücke schneiden und zu den anderen Zutaten in die Form

geben. Die Fasanknochen sehr fein hacken und in Butter anbraten, gehackte Schalotten hinzufügen.
Mit Weißwein, Cognac und Madeira ablöschen und mit dem Kalbsfond (oder Rindfleischbrühe) beschichten. Bis zur Menge von 1 dl einkochen. Abkühlen lassen, durch ein Sieb geben und über die anderen Zutaten schütten.
Ein Stück Butter in einer Schmorpfanne erhitzen und die Fasan- und Geflügellebern leicht darin anbraten. Sie sollen rosig bleiben. Ein wenig würzen. Mit Cognac und Madeira ablöschen, warm stellen.
Die in Scheiben geschnittenen Champignons in einer Schmorpfanne in Butter schmoren und zu den Lebern geben. Alles im Mixer so fein wie möglich hacken.
Das Kalb- und Schweinefleisch, den fetten Speck ebenso im Mixer feinhacken. Mit dem Gewürzsalz abschmecken und zur ersten Farce mischen. Diese Füllung in die Form zu der Einlage geben, gut kneten, abschmecken und, falls nötig, nachwürzen.
Eine feuerfeste Form mit der Speckscheibe auslegen. Mit der Mischung aus Einlage und Farce auffüllen. Mit einer weiteren Speckscheibe bedecken. Thymian und Lorbeerblatt zugeben.
Die Terrine zudecken. Eine feuerfeste Form zu ⅔ mit Wasser füllen und die Terrine im Wasserbad im auf 180° vorgeheizten Ofen 1 bis 1½ Stunden backen. Um zu kontrollieren, ob die Terrine durchgebacken ist, mit einer Nadel hineinstechen. Wenn keine Füllung an der Nadel klebt, ist das Gericht fertig. Terrine aus dem Ofen nehmen, Deckel entfernen. Inhalt mit einem kleinen Brett von 250 g beschweren. Abkühlen lassen, dann vor dem Servieren einen Tag in den Kühlschrank stellen.

Gänseleberterrine

Vorbereitungszeit: 15 Minuten
Marinieren: 1 Nacht
Backzeit: 35 Minuten

1 Gänseleber von 500 bis 600 g, 10 g Gewürzsalz (siehe S. 102), 2 cl Cognac, 2 cl Kirschwasser, 30 g Trüffel, 2 El Gänsefett oder Butter, 250 g Fleisch- oder Geflügelsülze, Aluminiumfolie
Dazu empfohlener Wein: ein guter Gewürztraminer, wenn die Gänseleber als Appetitanreger gegessen oder, wie im Elsaß üblich, außerhalb einer Speisefolge oder am Ende einer Mahlzeit, kurz vor dem Dessert gereicht wird. Ein großer Riesling (Kaefferkopf oder Schoenenburg z. B.), wenn die Gänseleber als Vorspeise gereicht wird.

Zubereitung der Leber: Eine kleine Leber von 500 bis 600 g auswählen. Die kleinen Lebern sind besser und weicher als die großen. Darauf achten, daß sie frisch ist und rosig aussieht. Die Haut abziehen, ohne die Leber zu beschädigen.
Auf der inneren und äußeren Seite mit Gewürzsalz würzen. Wenigstens mehrere Stunden, am besten eine Nacht in Kirschwasser und Cognac marinieren.
Die Leber mit dem in schmale Streifen geschnittenen Trüffel spicken. Eine feuerfeste Form aus gebranntem Ton oder Email auswählen. Mit Gänsefett oder, falls nicht vorhanden, mit Butter einfetten.
Die Leber in die Form geben. Die Oberfläche mit dem restlichen Fett bestreichen. Mit Aluminiumfolie, die am besten mit dem Deckel der Form gehalten wird, bedecken.
Die Terrine in einer zu zwei Dritteln mit Wasser gefüllten Backform in dem auf 180° vorgeheizten Ofen 35 Minuten im Wasserbad backen. Die Wassertemperatur muß zwischen 60° und 75° liegen. Die Terrine im Wasserbad langsam abkühlen lassen, in den Kühlschrank stellen. Am nächsten Tag, angerichtet mit einer guten Fleisch- oder Geflügelsülze, servieren. Dazu warmen, goldgelben Toast reichen.
Die Gänseleberterrine bleibt im Kühlschrank ungefähr einen

Monat frisch, wenn sie völlig mit Gänsefett bedeckt und gut verschlossen ist.
Die elsässische Gänseleber hat sich längst einen Namen gemacht. Jedes Jahr werden ungefähr 2 bis 5 Prozent mehr hergestellt als im Jahr vorher und als Terrine in die ganze Welt verschickt.

Gänseleberpastete

Marinieren: 12 Stunden
Vorbereitungszeit: 1 Stunde
Backzeit: 50 Minuten
Ruhen: 5 Stunden

2 Gänselebern von 500 g, 100 g Trüffel, 250 g Schweinefilet, 250 g Kalbsfilet, 25 g Gewürzsalz (siehe S. 120), 1 kleines Glas Cognac, 1 kleines Glas Kirschwasser, 600 g Mürbeteig (siehe S. 198), 1 Ei, 1 El Olivenöl, 1 dl Madeira, 200 g Kalbssülze oder Geflügelsülze in Madeira
Dazu empfohlener Wein: ein guter Tokayer oder ein »Vorlauf« aus Marlenheim

Zubereitung der Leber:
Leber, die nicht mehr als 500 oder 600 g wiegt, ist die beste. Bei der Wahl darauf achten, daß die Leber rosig und frisch ist. Die beiden Stücke vorsichtig enthäuten, ohne die Leber zu beschädigen. Mit dem Gewürzsalz auf der Innen- und Außenseite würzen. Wenigstens einige Stunden, am besten eine Nacht, in Cognac und Kirschwasser marinieren.
Das Schweine- und Kalbfleisch kleinhacken und gut mischen, um eine sehr feine und homogene Farce zu erhalten. Mit dem Rest des Gewürzsalzes (ca. 8 g) würzen. Das Olivenöl einrühren.
Den Mürbeteig ausrollen und zu einer Pastetenform verarbeiten. Mit der Hälfte der Farce füllen. Die Leber mit der in Stücke geschnittenen Trüffel spicken und dicht nebeneinander auf die Farce legen. Den Rest der Farce auf die Leber verteilen.

Einen Mürbeteigdeckel darauflegen, an den Rändern mit etwas Wasser befeuchten und mit den Fingern fest andrücken. Zwei Kamine in den Deckel stechen. Mit Eigelb einpinseln. Mit einer Gabel verzieren.
45 bis 50 Minuten in dem auf 180° vorgeheizten Ofen backen. Um sich zu vergewissern, ob die Pastete durchgebacken ist, mit einer Nadel hineinstechen. Wenn die Nadel warm ist, ist die Pastete fertig.
Ruhen lassen, bis sie fast kalt ist. Eine gute Kalbs- oder Geflügelsülze, angereichert mit Madeira, durch die Luftlöcher ins Innere gleiten lassen. Noch einmal, am besten eine ganze Nacht, ruhen lassen.
Ein großes traditionelles Gericht aus dem 19. Jahrhundert, das seitdem alle großen Banketts begleitet.
Kostspielig, wie dieses Gericht ist, wird es in den Familien nur zu den sehr großen Feiern, wie Taufe oder Hochzeit serviert.

Gänseleberschnitzel mit Renetten

Marinieren: 2 Stunden
Vorbereitungszeit: 30 Minuten
Bratzeit: 20 Minuten

1 frische Gänseleber von 600 g, 2 cl Cognac, 1 dl Gewürztraminer, 1 Prise Mehl, 1 dl brauner Kalbsfond (siehe S. 93), 150 g Butter, Salz und Pfeffer, 2 Renettenäpfel
Dazu empfohlener Wein: Dieses schmackhafte Gericht würde am besten von einem guten Gewürztraminer begleitet. Weil es aber seinen Platz meist am Beginn einer Mahlzeit hat, wird man einen sehr guten Riesling vorziehen.

Bei der Wahl der Gänseleber ist es wichtig, darauf zu achten, daß sie schön rosig aussieht. Sie sollte nicht schwerer als 500 oder 600 g sein, da eine kleine Leber weicher ist als eine große.
Die Leber in Scheiben schneiden und mit der flachen Seite

eines Messers plattdrücken. Salzen und pfeffern. Zwei Stunden in Cognac marinieren.
In der Zwischenzeit die Äpfel schälen, achteln und in einer Schmorpfanne unter ständigem Rühren in wenig Butter 5 Minuten anbraten. Darauf achten, daß die Äpfel nicht zu weich werden.
Die Leberscheiben mit etwas Mehl bestreuen. In heißer Butter auf jeder Seite 2 bis 3 Minuten braten. Auf einer vorgewärmten Platte anrichten und mit den Äpfeln garnieren. Warmstellen. Die Bratpfanne mit Weißwein ablöschen; ziehen lassen. Kalbsfond zugießen. Mit wenig Butter abrunden. Die Sauce über die Schnitzel gießen und sehr heiß servieren.

Zwiebelkuchen

Vorbereitungszeit: 30 Minuten
Backzeit: 30 Minuten

350 g Mürbeteig (siehe S. 198), 600 g Zwiebeln, 150 g Butter, 1 El Öl, 4 Eier, ¼ l Crème fraîche, ¼ l Milch oder 250 g Quark, 1 El Mehl, Salz und Pfeffer, etwas Muskat
Dazu empfohlener Wein: Sylvaner, Riesling oder »Côte d'Ammerschwihr«

Die Zwiebeln schälen und hacken. In Butter und Öl 20 Minuten glasig werden lassen. Mit Mehl bestreuen, gut mischen und noch einige Minuten braten.
Vom Feuer nehmen, Crème fraîche und Milch hinzufügen. Die gut geschlagenen Eier darunterrühren. Mit Pfeffer, Salz und Muskat würzen. Eine gebutterte Kuchenform mit dem Teig auslegen, die Füllung daraufgeben. Im auf 180° vorgeheizten Ofen 30 Minuten backen. Statt der Milch kann man auch 250 g Quark benutzen, wie das in den Bergtälern des Hochelsaß gebräuchlich ist. Empfehlenswerter ist es aber, Milch zu verwenden.
Aus der Form nehmen und heiß servieren.

Beim »Zwiebelkuchen aus Obernai« wird zu den fast fertig angedünsteten Zwiebeln sehr magere, geräucherte, in Streifen geschnittene Schweinebrust hinzugefügt.

Elsässische Champignontorte

Vorbereitungszeit: 30 Minuten
Backzeit: 45 Minuten

350 g Mürbeteig, 300 g Champignons, 100 g rohen oder gekochten Schinken, 50 g Butter, 2 Tomaten, 1 Schalotte, ¼ l Crème fraîche, 1 dl Sylvaner, 3 Eier, 1 El Schnittlauch, 1 Tl Estragon, Salz und Pfeffer
Dazu empfohlener Wein: Edelzwicker, Sylvaner, Pinot blanc

Die in Scheiben geschnittenen Champignons mit der gehackten Schalotte in Butter anbraten. Schinken und Tomaten in kleine Würfel schneiden und zugeben. Einige Minuten schmoren lassen. Nur sehr sparsam salzen, da der Schinken bereits salzig ist; pfeffern. Mit dem Weißwein ablöschen und ziehen lassen. Vom Feuer nehmen und mit Eigelb und Crème fraîche binden. Die Kräuter hinzufügen, abschmecken.
Das Eiweiß zu Schnee schlagen und vorsichtig darunterheben. Eine eingefettete Kuchenform mit dem Teig auslegen, mit der Gabel einstechen und 10 Minuten sehr heiß backen. Die vorbereitete Champignonmischung daraufgeben und im auf 180° vorgeheizten Ofen 25 bis 30 Minuten backen.
Aus der Form nehmen und sehr heiß servieren.
Eine ausgezeichnete elsässische Vorspeise.

Flammenkuchen

Vorbereitungszeit: 15 Minuten
Backzeit: 15 Minuten

Für 2 bis 3 Personen
Für den Teig: 150 g Brotteig, beim Bäcker kaufen oder selber machen (siehe S. 198)
Für die Füllung: 100 g Quark, 1 dl Sahne, 10 g Mehl, 1 Tl Salz, 2 Tl Rüböl natur (in Feinkostgeschäften erhältlich)
Zusätzlich: 80 g magere, geräucherte Schweinebrust, 80 g Zwiebeln
Dazu empfohlener Wein: Riesling oder Sylvaner aus der Gegend von Barr

Den Teig sehr dünn ausrollen und eine gebutterte Kuchenform damit auslegen.
Quark, Rahm, Mehl, Salz und Rüböl so lange schlagen, bis eine fettige Crème entstanden ist. Mit einem Holzspatel auf den Teig verteilen.
Die Zwiebeln hacken, die Schweinebrust in kleine Stückchen schneiden, gut vermischen und über den Kuchen streuen. Den Flammenkuchen bei 200°, bis der Teig goldgelb ist (ca. 15 Minuten), backen lassen.

Heiße Pastete

Marinieren: 12 Stunden
Vorbereitungszeit: 45 Minuten
Backzeit: 75 Minuten

400 g Mürbeteig (siehe S. 198), 300 g Blätterteig (siehe S. 199), 300 g Schweinefleisch (Filet), 300 g Kalbfleisch (Kalbsnuß), 2 Zwiebeln, 150 g Petersilie, 150 g Semmelbrösel oder Paniermehl, ¼ l Riesling, 1 Eigelb, Salz und Pfeffer, 100 g Butter
Dazu empfohlener Wein: ein guter Sylvaner oder ein guter Riesling

Das Fleisch in Streifen schneiden und über Nacht in dem mit Salz und Pfeffer gewürzten Weißwein marinieren.

Abtropfen lassen. Butter erwärmen, gehackte Zwiebel darin wenden und mit Petersilie unters Fleisch mischen. Den Mürbeteig ausrollen und zu einem Rechteck von 45 cm Länge und 20 cm Breite verarbeiten. Auf ein eingefettetes Backblech legen.
Den Teig in der Mitte auf einer Fläche von etwa 35 cm Länge und 10 cm Breite mit Semmelbröseln oder Paniermehl bestreuen. Die mit Petersilie und Zwiebelstückchen vermischen Fleischstreifen darauf verteilen.
Die Teigränder zu einem rechteckigen Kasten hochklappen und mit Wasser bepinseln.
Den Blätterteig zu einem Rechteck in der Größe der Pastete ausrollen: ungefähr 35 cm lang und 10 cm breit. Die Pastete damit bedecken und die Ränder mit den Fingern fest an die Mürbeteigkanten drücken.
Die Oberfläche mit Eigelb bestreichen und mit einer Gabel verzieren. Dann zwei Luftlöcher in die Oberfläche stechen, damit der Dampf abziehen kann.
Den Ofen auf 180° vorheizen und die Pastete 60 bis 75 Minuten backen.
Die fertige Pastete auf einer vorgewärmten Platte heiß servieren.
Diese Pastete ist ein festliches Essen. In Ammerschwihr wird sie z. B. bei jeder Familienfeier serviert.

Pastete aus dem Munstertal

Vorbereitungszeit: 30 Minuten
Marinieren: 12 Stunden
Backzeit: 1 Stunde

300 g Mürbeteig, 250 g Blätterteig, 400 g Schweinefilet, 400 g Kalbsnuß, 2 Zwiebeln, 2 Brötchen, 2 dl Milch, ¼ l Sylvaner, 1 El gehackte Petersilie, 15 g Salz, 2 Messerspitzen Pfeffer, 1 Ei, 20 g Butter
Dazu empfohlener Wein: Ein guter Sylvaner oder ein guter Riesling

Die Brötchen in der Milch einweichen.
Abtropfen lassen und mit dem Fleisch durch den Fleischwolf passieren. Petersilie, gehackte in Butter gewendete Zwiebeln, Wein, Salz und Pfeffer hinzufügen.
Eine Nacht marinieren.
Eine gebutterte Kuchenform mit dem Mürbeteig auslegen. Die Farce daraufgeben. Mit dem sehr dünn ausgerollten Blätterteig bedecken. Mit Wasser bestreichen und die Ränder andrücken. Ein Luftloch in die Oberfläche stechen, damit der Dampf abziehen kann.
Ungefähr eine Stunde im auf 180° vorgeheizten Ofen backen. Sehr heiß servieren.

Schnecken nach elsässischer Art

Ruhezeit: 6 Tage
Vorbereitungszeit: 1 Stunde
Kochzeit: 4 Stunden 30 Minuten

Die Schneckenzubereitung ist eine langwierige Arbeit, für die nicht alle Köche die Zeit haben. Einfacher ist es, sie in der Dose, schon gekocht und vorbereitet zu kaufen, so daß sie nur noch in die Schneckenhäuser und mit Butter gefüllt werden müssen.
Rezept für die Vorbereitung der Schnecken:
6 Dutzend große Weinbergschnecken, 6 dl Sylvaner, 6 dl Wasser, 1 Karotte, 1 Rübe, 1 Stange Lauch, 1 Sellerieknolle, 1 Zwiebel, Salz und Pfeffer
Dazu empfohlener Wein: Sylvaner, Riesling

Die Schnecken in ein Gefäß geben und sechs Tage ruhen lassen. Mit viel Wasser waschen, fünf Minuten in kochendes Wasser legen, in kaltem Wasser abschrecken und abtropfen lassen. Die Schnecken mit einer kleinen Gabel aus den Häusern ziehen, das Schwarze abschneiden. In eine Kasserolle geben und mit Wein und Wasser übergießen. Das Gemüse waschen, schälen, schneiden und zugeben. Mit Salz und Pfeffer

würzen. Falls notwendig, noch mehr Wein und Wasser, jeweils halb und halb zugießen. Die Schnecken sollen gut bedeckt bleiben.
Aufkochen lassen, abschäumen und vier Stunden kochen. Die Schnecken in eine Schüssel geben und in ihrem Kochsud erkalten lassen. In der Zwischenzeit die Schneckenhäuser waschen und dreißig Minuten auskochen. In kaltem Wasser spülen. Abtropfen lassen und abtrocknen.

Zubereitung von Schnecken aus der Dose

Vorbereitungszeit: 25 Minuten
Backzeit: 20 Minuten

6 Dutzend Schnecken, 50 g Butter, 2 dl Sylvaner, 2 dl brauner Kalbsfond (siehe S. 93)

Die Schnecken abtropfen lassen. Butter in einer Schmorpfanne zerlassen. Die Schnecken zugeben, 5 Minuten ziehen lassen und mit Wein und Kalbsfond ablöschen. 5 Minuten schmoren und im Sud erkalten lassen. Die kalten Schnecken mit einem kleinen Löffel des gelierten Bratensuds in die Häuser füllen und mit der Schneckenbutter zustopfen.
Auf einen Schneckenteller legen. 10 Minuten in dem auf 180° vorgeheizten Ofen gratinieren.

Schneckenbutter

Zubereitung: 15 Minuten

400 g Butter, 30 g Petersilie, 20 g Schalotten, 25 g Knoblauch, 15 g Salz, 2 Messerspitzen frisch gemahlenen Pfeffer, etwas Muskat

Petersilie, Schalotten und Knoblauch sehr fein hacken. Gut mit der etwas aufgeweichten Butter und den Zutaten mischen.
Die Schneckenhäuser damit zustopfen.

FISCH

Krebse in Gewürztraminer · Krebse nach elsässischer Art · Krebstörtchen · Krebsschwanzragout · Froschschenkel in Riesling · Forelle blau · Forellen mit Mandeln · Gefüllte Forellen in Riesling · Forellen-Hechtpastete · Hechtschaum · Illhecht in Rahmsauce · Hecht in Pinot noir · Karpfen in Bier · Karpfen gebacken · Lachs in Papierhüllen mit Kräutersauce · Seezungenfilets mit Nudeln · Seezungen in Traminer · Dorsch nach Hausfrauenart · Fischragout in Riesling

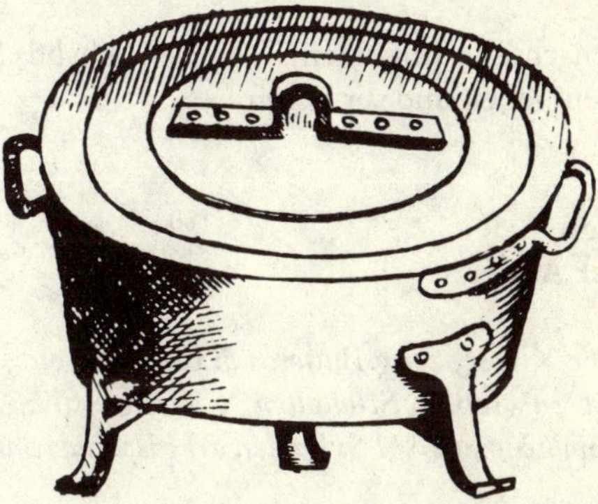

Krebse in Gewürztraminer

Vorbereitungszeit: 30 Minuten
Kochzeit: 60 bis 70 Minuten

36 mittelgroße Krebse, 1 Karotte, 2 mittelgroße Zwiebeln, 3 Schalotten, ½ Sellerieknolle, 1 Lauchstengel, 1 Thymianstengel, 1 Tl Kümmel, 1 Knoblauchzehe, 1 Prise Estragon, einige Petersilienstengel, 1 Flasche alten Gewürztraminer, ¾ l Wasser, Salz und Pfeffer
Dazu empfohlener Wein: Riesling, Gewürztraminer, Tokayer

Das Gemüse schneiden. Mit dem Gewürztraminer und Wasser in einen Schmortopf geben, Gewürze hinzufügen, salzen und pfeffern. Die Fischbrühe 1 Stunde sieden lassen.
In der Zwischenzeit die Därme von den Krebsen entfernen. Die Krebse waschen. In der heißen Fischbrühe 10 Minuten kochen.
Eine Suppenschüssel mit einem Teil des Kochsuds füllen. Die Krebse hineingeben und servieren.

Krebse nach elsässischer Art

Vorbereitungszeit: 30 Minuten
Kochzeit: 30 Minuten

36 mittelgroße Krebse, 200 g Butter, 1 dl Öl, 1 Karotte, ½ Sellerieknolle, nicht zu groß, 3 Schalotten, 1 Tl Petersilie, 1 Tl Estragon, 1 Tl Tomatenmark, ½ l Sylvaner, ¼ l Fischsud, Salz und Pfeffer
Dazu empfohlener Wein: Riesling, Tokayer

Gemüse und Schalotten in kleine Würfel schneiden. 20 Minuten in Butter und Öl dünsten. Mit Wein und Fischsud auffüllen.
Das Tomatenmark zugeben, mit Salz und Pfeffer würzen. 3 Minuten kochen lassen.
Die Därme der Krebse entfernen. Die Krebse waschen und

unter den Kochsud heben, 10 Minuten kochen. Auf einer Gemüseschüssel anrichten und warmstellen.
Falls nötig, den Sud einkochen lassen. Den Rest der Butter darunterschlagen. Abschmecken. Die Sauce über die Krebse gießen. Mit Petersilie und gehacktem Estragon bestreuen. Heiß servieren.
Ein delikates und gehaltvolles Gericht mit einem außergewöhnlich feinen »Bouquet«.

Krebstörtchen

Vorbereitungszeit: 15 Minuten
Garzeit: 45 Minuten

24 Krebse, vorzugsweise mit roten Scheren, 4 dl Milch, 6 dl Sahne, 8 Eigelb, 4 ganze Eier, Salz und Pfeffer, etwas Muskat, ½ l Krebssauce (siehe S. 96)
Dazu empfohlener Wein: Riesling

Die Krebse in einer heißen Krebsbrühe kochen, die Schwänze für die Sauce (siehe S. 96) aufbewahren. Die Rümpfe zerstoßen und in einen Schmortopf geben, Sahne und Milch hinzufügen und ungefähr 30 Minuten bei geringer Hitze auf dem Rand der Feuerstelle ziehen lassen.
Diese Crème durch ein Haarsieb passieren. Mit Salz, Pfeffer und Muskat würzen. Auf das Feuer zurückstellen und 15 Minuten kochen. Die in einer Salatschüssel sorgfältig geschlagenen Eier einrühren.
Diese Schaummasse in gebutterte Crèmetörtchenformen füllen. Im Wasserbad 15 Minuten im Ofen pochieren.
Die Törtchen heiß aus der Form nehmen und auf einer Platte anrichten. Mit der Krebssauce übergießen.
Eine ausgezeichnete Vorspeise, auserlesen, würzig, nahrhaft.

Krebsschwanzragout

Vorbereitungszeit: 30 Minuten
Backzeit: 25 Minuten

Krebsbrühe: 1 Karotte, 1 Zwiebel, 1 Stange Lauch, 1 Thymianzweig, ½ Lorbeerblatt, Salz und Pfeffer, 60 Krebse, 100 g Butter oder Krebsbutter (siehe S. 92), ½l Sahne, 2 Prisen Salz, 2 Messerspitzen Pfeffer
Dazu empfohlener Wein: Sylvaner, Riesling

Das Gemüse schälen, waschen und schneiden. Für die Krebsbrühe Thymian, Lorbeer, Salz und Pfeffer in 2 cl Wasser zum Kochen bringen.
Die gewaschenen und abgetrockneten Krebse 10 Minuten darin kochen. Abkühlen lassen und schälen. Die Krebsschalen, für die Zubereitung der Krebsbutter (siehe S. 92) aufbewahren. Die Krebsschwänze mit Butter in einer Pfanne schmoren lassen, Sahne hinzufügen, salzen und pfeffern. Nach 5 Minuten abschmecken.
Das Ragout in eine gebutterte Auflaufform füllen und im Ofen bei 220° bis 250° ungefähr 5 Minuten gratinieren.
Auf einer vorgewärmten Platte servieren. Dieses Ragout wird sehr heiß gegessen.

Froschschenkel in Riesling

Vorbereitungszeit: 15 Minuten
Kochzeit: 20 Minuten

36 Froschschenkel, 3 dl Riesling, 2 dl weißer Kalbsfond, 4 Eigelb, 2 dl Crème fraîche, 200 g Butter, 2 Schalotten, 1 El Schnittlauch, 1 El Petersilie, Salz und Pfeffer, Saft einer halben Zitrone
Dazu empfohlener Wein: Riesling, Pinot blanc

Die Froschschenkel in 100 g Butter schmoren. Salzen, pfeffern, die gehackten Schalotten, Kalbsfond und Riesling hinzufügen. 10 Minuten garen.

Die Froschschenkel aus dem Topf nehmen und abtropfen lassen. Den Sud durch ein Haarsieb streichen. Auf das Feuer zurückstellen und einkochen lassen. Mit Crème fraîche und Eigelb binden.
Die Schenkel in die Sauce zurückgeben und den Rest der Butter hineinschlagen, Zitronensaft zugeben. Abschmecken, Petersilie und Schnittlauch darüberstreuen.
Sehr heiß servieren.
Ein typisch französisches Gericht in elsässischer Art zubereitet.

Forelle blau

Vorbereitungszeit: 10 Minuten
Kochzeit: 30 Minuten

6 Forellen von 200 g, 1 Zwiebel, 1 Karotte, ½ Sellerie, 1 Lauchstengel, 3 l Wasser, 1 l Sylvaner, einige Petersilienstengel, ein wenig Thymian, ½ Lorbeerblatt, Salz und Pfeffer
Dazu empfohlener Wein: Sylvaner, Riesling, Pinot blanc

Mit den Gemüsen, den Gewürzen, dem Wasser und dem Wein eine Fischbrühe bereiten und 20 bis 30 Minuten kochen lassen.
Um sie »blau« zuzubereiten, müssen die Forellen lebend gekauft werden. Schlachten, ausnehmen und unter fließendem Wasser abspülen.
In die Fischbrühe legen und ungefähr 8 Minuten sieden.
Sie können die Forellen in einer Fischschüssel oder auf einer Platte anrichten. Mit Zitrone und einigen Petersilienstengeln garnieren, Salzkartoffeln sowie zerlassene Butter oder Sauce Hollandaise dazu reichen.

Forellen mit Mandeln

Vorbereitungszeit: 30 Minuten
Backzeit: 15 Minuten

6 Forellen von ungefähr 200g, ¼l Riesling oder Sylvaner, ¼ Crème fraîche, 100g Mandelsplitter, 250g Butter, 2 Schalotten, Salz und Pfeffer, 1 El gehackte Petersilie, Schnittlauch
Dazu empfohlener Wein: Riesling

Die Forellen waschen und die Kiemen entfernen. Salzen, pfeffern, in Mehl wenden. Mit etwas heißer Butter in einer Pfanne leicht anbraten.
Eine Platte aus feuerfestem Prozellan buttern, die Schalotten daraufstreuen. Die Forellen darüber verteilen und mit Wein begießen.
8 Minuten im Ofen bei 200° dünsten. Von Zeit zu Zeit mit dem Bratensatz übergießen. Crème fraîche hinzufügen. Den Rest der Butter in einer Pfanne zerlassen, die Mandelsplitter darin goldgelb braten.
Butter und Mandeln über die Forellen gießen. Mit der Petersilie und dem grob gehackten Schnittlauch bestreuen.
Dies ist eines der schmackhaftesten Rezepte der elsässischen Küchentradition.

Gefüllte Forellen in Riesling

Vorbereitungszeit: 30 Minuten
Garzeit: 1 Stunde

Wählen Sie 6 schöne Forellen von jeweils 200g
Für die Soße: ½l Riesling, ½l Crème fraîche, 150g Butter, 1 Zwiebel
Für die Füllung: 1 Karotte, 1 Lauchstengel, 1 Selleriestange, 300g Champignons, Zwiebelscheiben, 1 Trüffel, 2 Eier, Salz und Pfeffer
Dazu empfohlener Wein: ein großer Riesling

Die Forellen aufschneiden, entgräten und waschen.
Das in Stücke geschnittene Gemüse, Lauch, Sellerie, Karotte mit den Champignonstückchen in eine Schmorpfanne geben. Den in Streifen geschnittenen Trüffel hinzufügen. In Butter dünsten und nach 25 Minuten mit den Eiern binden.
Die Farce würzen und abkühlen lassen, dann die Forellen damit füllen.
Die Forellen auf ein gebuttertes Backblech legen. Mit Zwiebelscheiben belegen und den Riesling darübergießen. Im Ofen bei 175° 15 Minuten dünsten.
Aus dem Ofen nehmen, sehr sorgfältig enthäuten und auf einer vorgewärmten und gebutterten Platte anrichten.
Warm stellen.
Die Sauce: Den Fischsud durch ein Haarsieb streichen und einkochen lassen. Die Crème fraîche hinzufügen. Noch einmal etwas einkochen lassen. Mit Butter binden. Abschmekken. Die Forellen mit dieser Sauce begießen.
Ein Gericht der hohen Kochkunst, gehaltvoll und würzig.

Forellen-Hechtpastete

Marinieren: 10 Minuten
Vorbereitungszeit: 30 Minuten
Backzeit: 35 Minuten

3 Forellen von jeweils 250 g, 250 g Hecht, 18 Krebse, 3 Eier, ¼ l Crème fraîche, 1 Trüffel (oder eine kleine Dose Trüffelschnitzel), 2 hartgekochte Eier, 1 Tl gehackte Petersilie, 1 Glas Riesling, Salz und Pfeffer, 400 g Mürbeteig, 300 g Blätterteig, 1 große Schale Krebssauce (siehe S. 96) oder eine kleine Schale Weiße Buttersauce (siehe S. 92)
Dazu empfohlener Wein: Sylvaner, Riesling

Die Forellen filieren. Mit Salz, Pfeffer und Riesling 10 Minuten marinieren.
Aus dem Hechtfleisch ein steifes Püree bereiten (siehe rechts). Den in kleine Würfel geschnittenen Trüffel, die

kleingehackten Eier, Krebsschwänze, die gehackte Petersilie und Crème fraîche einrühren.
Eine gebutterte Kuchenform mit dem Mürbeteig auslegen. Mit der Hälfte der Hechtfarce füllen. Die Forellenfilets darübergeben. Mit dem Rest der Hechtfarce bedecken. Den Blätterteig darübergeben. Die Ränder mit feuchten Händen fest andrücken. Zum Abziehen des Dampfes ein Luftloch in die Mitte stechen. Den Blätterteigdeckel mit Eigelb bestreichen. Im vorgeheizten Ofen bei 200° 35 Minuten backen.
Die Krebs- bzw. Weiße Buttersauce separat servieren. Eine delikate warme Vorspeise der großen Kochkunst.

Hechtschaum

Vorbereitungszeit: 10 Minuten
Kochzeit: 20 Minuten

300 g Hechtfleisch, 3 Eiweiß, 2 dl Schlagrahm, Salz und Pfeffer

Das Hechtfleisch pürieren und durch ein Haarsieb streichen. In einer Terrine das Hechtfleisch mit dem Eiweiß vermischen, salzen und pfeffern.
Die Terrine auf Eis stellen und vorsichtig Löffel für Löffel den Schlagrahm unterziehen.
Man verwendet diesen Schaum als Fischfüllung. Man kann ihn aber auch im Wasserbad 20 Minuten bei 180° im Ofen kochen lassen, in gut gebutterten Förmchen.
Auf einer Platte anrichten und Krebssauce (s. Seite 96) darübergießen.

Illhecht in Rahmsauce

Vorbereitungszeit: 30 Minuten
Kochzeit: 30 Minuten

1 Hecht von 2,5 bis 3 kg, 150 g Butter, 100 g Schalotten, ¼ l Riesling, ½ l Crème fraîche, Saft einer halben Zitrone, 100 g Butter, 1 El gehackte Petersilie, Salz und Pfeffer
Dazu empfohlener Wein: ein großer Riesling, ein guter Sylvaner

Rechnen Sie 400 g Hecht pro Person. Den Hecht schuppen, ausnehmen und waschen. Auf ein gut eingefettetes Backblech legen, mit den gehackten Schalotten bestreuen, Wein und Crème fraîche hinzufügen, salzen und pfeffern. 20 Minuten kochen lassen. Häufig mit dem Sud übergießen.
Den gekochten Hecht auf eine vorgewärmte Platte legen. Den Sud durch ein Haarsieb passieren, mit Salz und Pfeffer abschmecken. Zitronensaft hinzufügen und die Sauce mit Butter binden. Den Hecht übergießen. Mit gehackter Petersilie garnieren. Sehr heiß servieren.
Ein luxuriöses Gericht, mit unvergeßlichem Geschmack.

Hecht in Pinot noir

Vorbereitungszeit: 30 Minuten
Kochzeit: 20 bis 30 Minuten

400 g Hecht pro Person (am besten jeweils einen kleinen Hecht), 1 Zwiebel, 1 Karotte, ½ Sellerie, 1 Stange Lauch, ½ l Pinot noir, Salz und Pfeffer, 1 dl Sahne, 300 g Butter, 1 El gehackte Petersilie, 1 El Schnittlauch
Dazu empfohlener Wein: Pinot noir, Riesling

Die Hechte schuppen, ausnehmen und waschen. Das in Scheiben geschnittene Gemüse mit 100 g Butter 8 bis 10 Minuten im Schmortopf dünsten. Hechte darauflegen, salzen, pfeffern, Pinot noir zugießen. Bei schwacher Hitze 20 bis 30 Minuten garen. (Die Garzeit hängt von der Größe der Hechte ab.)

Eine zu lange Garzeit schadet dem Fischfleisch. Deshalb ist es besser, sie eher zu kurz als zu lang auf dem Feuer zu lassen.
Für die Sauce:
Den Sud leicht einkochen lassen, 1 dl Sahne hinzufügen und mit 200 g Butter abrunden.
Die Hechte auf einer flachen Platte anrichten. Mit wenig Sauce übergießen, Petersilie und Schnittlauch darüberstreuen. Den Rest der Sauce separat servieren.

Karpfen in Bier

Vorbereitungszeit: 40 Minuten
Kochzeit: 1 Stunde

1 ausgenommener Karpfen von 2 bis 3 kg, mit Fischmilch, 150 g Perlzwiebeln, 150 g Butter, 30 g Lebkuchen, 50 g Sellerie, 2 bis 3 l Bier, 1 Bund Suppengrün
Dazu empfohlener Wein: Sylvaner, Riesling

Die Zwiebeln in einer Fischpfanne mit 50 g Butter schmoren. Den gewürfelten Lebkuchen und den in Scheiben geschnittenen Sellerie auf die Zwiebeln geben. Den Karpfen darauflegen, Suppengrün hinzufügen, mit Bier beschichten und im Ofen 1 Stunde bei 150° blau kochen.
In der Zwischenzeit die Fischmilch in einem Schmortopf in kochendem Salzwasser 5 Minuten pochieren. In Schnitzel schneiden.
Den Fisch vorsichtig aus der Pfanne nehmen. Auf einer warmen Platte anrichten und mit den Fischmilchschnitzeln garnieren. Den Sud einkochen lassen und durch ein Haarsieb passieren. Zum Schluß Butter mit dem Schneebesen einrühren. Die Sauce über den Karpfen gießen und sehr heiß servieren.

Karpfen gebacken

Vorbereitungszeit: 15 Minuten
Backzeit: 20 Minuten

1 Karpfen von 2 kg oder 2 Karpfen von jeweils 1 kg, Salz und Pfeffer, 1 l Milch, 100 g Mehl, 1 El gedünstete Petersilie, 1 große Schale Mayonnaise (siehe S. 98) oder Remoulade (siehe S. 100), 20 g Butter
Dazu empfohlener Wein: Sylvaner, Riesling

Den Karpfen schuppen, ausnehmen und waschen. In zwei Hälften teilen und in mittelgroße Stücke schneiden. Die Stücke salzen und pfeffern, in Milch einlegen und in Mehl wenden. In der Friteuse bei mittlerer Hitze, ungefähr 150° bis 180° 5 Minuten fritieren (dieser Vorgang heißt: den Fisch blanchieren). Vor dem Servieren die Friteuse auf 200° bis 220° stellen und die Karpfenstücke so lange backen, bis sie goldgelb geworden sind.
Die abgetropften Stücke auf einer warmen Platte anrichten und mit der gedünsteten Petersilie bestreuen. Dazu eine Mayonnaisen- oder Remouladensauce reichen.
Eine Variante:
Den Fisch 2 Stunden in einem Gefäß mit 2 kleinen Schöpflöffeln Essig und 1 kleinen Schöpflöffel Wasser marinieren.
Die in Scheiben geschnittenen Zwiebeln, 1 El gehackte Petersilie, 2 Thymianstengel, ½ Lorbeerblatt, Salz und Pfeffer in die Marinade geben. Die Stücke abtropfen lassen, abtrocknen und in Mehl wenden. Fritieren wie vorher.

Lachs in Papierhüllen mit Kräutersauce

Marinieren: 1 Stunde
Vorbereitungszeit: 30 Minuten
Backzeit: 15 Minuten

2 kg frischen Lachs, 2 dl Riesling, 1 Zitronenscheibe, Pfeffer, frischer, geräucherter Speck, in dünne Scheiben geschnitten, 2 Schalotten, 250 g Butter, Salz, 3 Eigelb, 1 El Crème fraîche, 1 Prise Estragon und ebensoviel Schnittlauch, Petersilie, Kerbel, 1 Thymianstengel, ½ Lorbeerblatt, 1 El Öl, Aluminiumfolie
Dazu empfohlener Wein: Riesling

Den Lachs filieren. Die Haut abziehen und das Schwarze darunter entfernen. In Stücke schneiden und mit einer Marinade aus Riesling, Zitrone und Pfeffer in eine Schüssel geben. 1 Stunde ruhen lassen.
Jedes Stück mit einer dünnen Speckscheibe umwickeln. Leicht salzen.
Aluminiumfolie ausbreiten und ölen. Die eine Hälfte mit den Lachsstücken belegen. Gehackte Petersilie, zerkrümelten Thymian und das zerriebene Lorbeerblatt darüberstreuen. Die andere Hälfte der Aluminiumfolie darüberklappen und gut verschließen. Im vorgeheizten Ofen bei 200° 15 Minuten backen.
Für die Kräutersauce:
Estragon und Schalotten bei geringer Hitze mit der Lachsmarinade einkochen lassen. Salzen und pfeffern, Eigelb hinzufügen und mit dem Schneebesen vorsichtig unterrühren. Dann die zerlassene Butter tropfenweise einrühren. Unter ständigem Rühren zum Schluß noch Crème fraîche hinzufügen.
Den Lachs auf einer vorgewärmten Platte anrichten. Die Sauce separat servieren. Die Papierhülle wird erst am Tisch geöffnet.

Seezungenfilets mit Nudeln

Vorbereitungszeit: 30 Minuten
Backzeit: 20 Minuten

3 Seezungen von 500 bis 600 g, 2 Schalotten, 1 Tomate, ¼ l Sylvaner oder Riesling, 250 g Butter, 3 Eigelb, 250 g frische Nudeln, 2 dl Crème fraîche, Salz und Pfeffer
Dazu empfohlener Wein: Riesling

Die Seezungen filieren, mit einem Messer leicht flachdrücken und die Stücke zusammenfalten. Auf ein gebuttertes Backblech legen, die gehackten Schalotten und gewürfelten Tomaten darüberstreuen.
Mit den Gräten einen Fischfond bereiten (siehe S. 95). Die Nudeln ungefähr 8 Minuten in kochendem Salzwasser weichkochen und abkühlen lassen.
Mit der Butter und dem Eigelb eine Sauce Hollandaise (siehe S. 97) bereiten.
Weißwein und Fischfond zu den Seezungenfilets gießen. Salzen und pfeffern. 10 Minuten im Ofen bei mittlerer Hitze backen. Die Nudeln auf eine Platte geben und mit Crème fraîche binden. Salzen und pfeffern. Ein wenig erwärmen.
Die Seezungenfilets aus dem Ofen nehmen und auf die Nudeln legen. Den Backsud einkochen lassen, etwas Crème fraîche hinzufügen (1 dl) und noch einmal einkochen lassen. Langsam die Sauce Hollandaise hinzufügen, abschmecken und über die Seezungenfilets gießen.
Das mit der Sauce übergossene Gericht im heißen Ofen oder Grill 2 Minuten bei 200° leicht überbacken.

Seezungen in Traminer

Vorbereitungszeit: 20 Minuten
Backzeit: 15 Minuten

6 Seezungen von 250 g, 4 kleine graue Schalotten, 100 g gehackte Petersilie, 200 g Champignons, ½ l Traminer, 2 dl Fischfond, zubereitet mit den Seezungenköpfen, 1 dl Crème fraîche, 250 g Butter, 3 Eigelb für die Sauce Hollandaise (siehe S. 97), Salz und Pfeffer, Aluminiumfolie
Dazu empfohlener Wein: Riesling, Traminer, er sollte aber nicht zu stark sein

Die in Scheiben geschnittenen Champignons mit den Schalotten und der gehackten Petersilie auf ein gebuttertes Backblech auslegen. Die gut gewaschenen Seezungen auf diese Schicht legen. Salzen und pfeffern.
Mit Traminer und Fischfond übergießen, gebutterte Aluminiumfolie darüberlegen und ungefähr 10 Minuten im heißen Ofen dünsten.
Die Seezungen mit den Champignons auf einer Platte anrichten.
Den Sud zu einer geleeartigen Masse einkochen. Crème fraîche und die während des Dünstens vorbereitete Sauce Hollandaise hinzufügen.
Die ausgezeichnete Sauce über die Seezungen geben und im glühendheißen Ofen oder im Grill glasieren.

Dorsch nach Hausfrauenart

Wässern: 24 Stunden
Vorbereitungszeit: 20 Minuten
Kochzeit: 1 Stunde

1 kg gesalzener Dorsch oder frischer Kabeljau, 3 Zwiebeln, 400 g Kartoffeln, 300 g Weißbrot, 300 g Butter, 1 Glas Milch, 2 l Wasser
Dazu empfohlener Wein: Riesling, Tokayer

Falls Sie das Gericht mit einem gesalzenen Dorsch zubereiten, den Fisch waschen und einen Tag in Wasser entsalzen.
Fisch in Wasser und Milch kochen.
Die in Scheiben geschnittenen Zwiebeln in Butter leicht anbraten.
Das Brot in 2 cm große Stücke schneiden und in einer Pfanne goldgelb braten.
Die geschälten Kartoffeln in Salzwasser kochen und in dünne Scheiben schneiden.
Eine gut gebutterte Porzellanplatte nacheinander mit den Zwiebeln, den Kartoffeln und dem Brot auslegen. Den Dorsch vollständig darüberbrocken. Reichlich mit ausgelassener Butter übergießen. 15 bis 20 Minuten bei 180° erhitzen. Sehr heiß servieren.
Ein sehr altes, traditionelles elsässisches Gericht, das vor allem während der Fastenzeit serviert wird. Es schmeckt ausgezeichnet, aber man sollte nicht mit Butter sparen.

Fischragout in Riesling

Vorbereitungszeit: 45 Minuten
Garzeit: 1 Stunde

2 kg Hecht, Schleie, Barsch, Forellen und vor allem Aal, 80 g Butter, 50 g Mehl, ½ l Riesling, ¼ l Crème fraîche, 4 Eigelb, 2 l Wasser, 2 Zwiebeln, 2 Karotten, 2 Stangen Lauch, 1 El Petersilie, 2 Thymianzweige, ½ Lorbeerblatt, 1 Prise Muskat, 1 Prise Estragon
Zum Garnieren: Blätterteigbrösel, geschmorte Champignons
Dazu empfohlener Wein: Riesling

Die Fische ausnehmen, waschen und in mittelgroße Stücke schneiden. Aus den Köpfen einen Fischsud bereiten, mit Wasser, Gemüse und Gewürzen in ein großes Gefäß füllen und bei schwacher Hitze ungefähr eine halbe Stunde kochen lassen.
Die Fischstücke mit ungefähr 1 ½ Liter dieses Suds und einem halben Liter Riesling in einen Schmortopf geben. Zuerst die Aalstücke, da sie am längsten kochen müssen, dann Hecht, Schleie, Barsch und Forellen. Salzen und pfeffern. 20 Minuten bei schwacher Hitze kochen. Zwischenzeitlich aus Butter und Mehl eine Mehlschwitze bereiten. Abkühlen lassen und den Fischsud nach und nach einrühren. Sieden und 10 Minuten einkochen lassen. Zum Schluß mit Crème fraîche und Eigelb binden.
Die Fischstücke auf einer vorgewärmten Platte anrichten und mit der heißen Sauce übergießen. Mit Blätterteigbröseln und einigen geschmorten Champignons garnieren.
Als Beilage passen frische Nudeln elsässischer Art (siehe S. 194). Ein klassisches Beispiel der hohen Kochkunst. Reichhaltig und mit einem außergewöhnlichen »Bouquet«. Ein sehr großes Gericht.

FLEISCH

Baeckeofe oder elsässischer Gemüse-Fleisch-Topf · Ochsenfleisch und Brühe mit Markklößchen · Schmorfleisch süß-sauer · Geschnetzeltes Rindfleisch nach Straßburger Art · Rindsfilet in Pinot rouge · Kalbsmedaillon mit feinen Kräutern · Kalbsbrust gefüllt · Kutteln in Riesling · Sauerkraut nach elsässischer Art · Eingelegte Rüben · Gefüllter Schweinemagen für 10–12 Personen · Geschnetzelte Schweineleber in Essig · Leberknödel vom Schwein oder »Lawerknepfle« · Blutwurst · Schinken in Brotteig · Gesalzene, geräucherte Schweineschulter oder »Schiffala« · Gesalzene Schweineschulter mit Kleingemüse

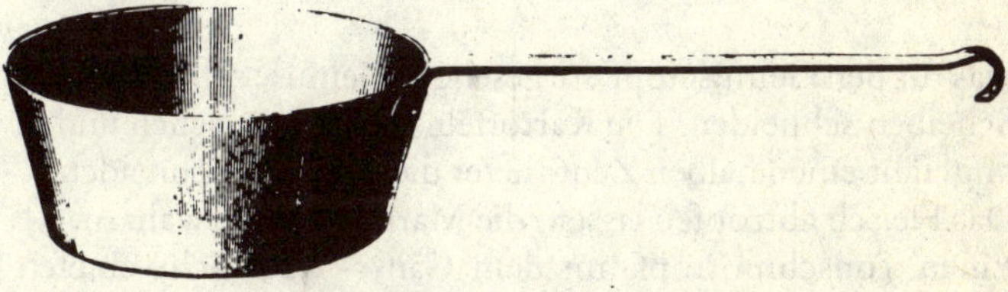

Baeckeofe oder elsässischer Gemüse-Fleisch-Topf

Marinieren: 12 Stunden
Vorbereitungszeit: 45 Minuten
Kochzeit: 2 Stunden 30 Minuten

500 g Lammfleisch (Nacken oder Schulter), 500 g Schweinefleisch (Nacken), 500 g Rindfleisch (Brust, Blatt), 2 Schweinsfüße, 300 g Zwiebeln, 400 g Lauch, 150 g Karotten, 1,5 kg Kartoffeln, Salz und Pfeffer, ½ Lorbeerblatt, 80 g Gänse- oder Schweineschmalz, 100 g Mehl
Für die Marinade: 2 Karotten, 1 Zwiebel, 1 Stange Lauch, 1 Schalotte, ½ Sellerieknolle, 1 Knoblauchzehe, 3 Thymianstengel, ½ Lorbeerblatt, Salz und Pfeffer, 1 Flasche Sylvaner
Dazu empfohlener Wein: Sylvaner, Traminer

Das Fleisch und die Schweinsfüße in Stücke von 80 bis 100 g schneiden.
Das für die Marinade vorgesehene Gemüse waschen und schälen. Die Karotten, eine Zwiebel, das Weiße der Lauchstange sowie die Knoblauchzehe und Schalotte in runde Scheiben schneiden. Thymian, Lorbeer, Salz, Pfeffer und Wein hinzufügen und das Fleisch eine Nacht darin marinieren.
Das für den Gemüsetopf vorgesehene Gemüse schälen und in Scheiben schneiden. Die Kartoffeln schälen, waschen und in ungefähr einen halben Zentimeter dicke Stücke schneiden.
Das Fleisch abtropfen lassen, die Marinade aufbewahren.
Einen Tonschmortopf mit dem Gänse- oder Schweinefett ausstreichen. Eine erste Gemüselage und die Kartoffeln einfüllen. Das Fleisch darauflegen und mit dem Rest des Gemüses und der Kartoffeln bedecken. Schicht für Schicht salzen und pfeffern.
Mit der Marinade auffüllen und falls nötig, damit alles gut bedeckt ist, etwas Wasser hinzufügen.
Den Deckel auf den Schmortopf geben und mit einem Teig aus Mehl und Wasser luftdicht verschließen, damit der Dampf nicht abziehen kann.

2½ Stunden im Ofen bei 180° bis 200° schmoren lassen.
Im Schmortopf servieren.
Die ursprüngliche Bedeutung von »Baeckeofe« ist der Ofen beim Bäcker; denn die Köchinnen ließen dieses Gericht beim Bäcker backen. In unseren Tagen wird dieser Brauch nur noch in einigen Dörfern des Weingebietes und der Bergtäler aufrechterhalten.
Ein großes ländliches Gericht, lecker, würzig und nahrhaft.

Ochsenfleisch und Brühe mit Markklößchen

Vorbereitungszeit: 30 Minuten
Kochzeit: 3 Stunden

Für die Brühe: 1,5 kg Rindfleisch (Blatt, eine Scheibe vom Kammstück oder der Brust), einige Markknochen, 1 Ochsenschwanz, 2 Rüben, 2 Karotten, ½ Grünkohl, 2 Lauchstengel, 2 Zwiebeln, 1 Sellerieknolle, 3 Petersilienstengel, 3 Knoblauchzehen, 50 g Schnittlauch, 1 Lorbeerblatt, Salz und Pfeffer
Für die Markklößchen: 300 g Ochsenmark (aus den Markknochen der Brühe), 50 g Paniermehl, 30 g Gries, 3 Eigelb, Salz und Pfeffer, etwas Muskat
Dazu empfohlener Wein: Pinot rouge, Riesling

Zubereitung und Garen der Brühe: Das Gemüse schälen und waschen. Fleisch und Knochen in einen Kochtopf geben. Gut mit Wasser bedecken. Zum Kochen bringen und abschäumen. Das Gemüse hinzufügen. Ein zweites Mal abschäumen. Salzen und pfeffern. Die Kräuter hinzufügen.
Damit die Fleischbrühe klar wird, während des Kochens immer wieder abschöpfen.
Die Zubereitung der Markklößchen: Das Mark aus den Knochen entfernen. Durch ein Sieb in eine Schale passieren. Paniermehl, Gries und Eigelb zugeben. Salzen, pfeffern und etwas Muskat hinzufügen. Alles gut durchmischen.

Aus dem Teig kleine Klößchen formen und 10 Minuten in der Brühe pochieren.
Die Brühe nach 3 Stunden, wenn das Fleisch gar ist, durch ein Haarsieb geben. Die Klößchen und den fein gehackten Schnittlauch hinzufügen. In einer Suppenschüssel servieren.
Das Fleisch auf einer vorgewärmten Platte mit dem Gemüse anrichten.
Als Beilage können Sie dazu kleine Salate, Meerrettichsoße (siehe S. 99), Rotkohl (siehe S. 188), Sellerie, Tomatenstückchen, Pflaumen in Essig (siehe S. 115) reichen.
Dies ist ein elsässischer Gemüse-Fleisch-Topf. Das Rezept stammt, abgesehen von einigen Varianten, aus dem Mittelalter. Es ist ein traditionelles Familiengericht für die Wintersonntage.

Schmorfleisch süß-sauer

Marinieren: 4 Tage
Vorbereitungszeit: 30 Minuten
Kochzeit: 3 Stunden 15 Minuten

1,5 kg Rindfleisch (lange dünne Scheiben), 1 l Pinot noir oder Pinot blanc, 1 Zwiebel, 2 Knoblauchzehen, 1 Karotte, 1 Petersilienstengel, 1 Estragonstengel, Salz und Pfeffer, 4 Stück Zucker, 1 El Öl, 100 g Rosinen, 1 dl Kirschwasser, 1 dl Crème fraîche
Dazu empfohlener Wein: Pinot noir oder Pinot blanc

Die vorher entkeimten Knoblauchzehen raspeln, die Zwiebeln in Scheiben, die Karotten in dünne Streifen schneiden. Mit Petersilie, Estragon, Pfeffer und Zucker in den Pinot noir mischen. Die Rindfleischstücke 3 oder 4 Tage darin marinieren.
Das Fleisch aus der Marinade nehmen, abtropfen lassen. Mit einem Handtuch trocknen.
In einem Schmortopf von allen Seiten in Öl anbraten. Die Marinade hinzufügen und je nach Größe der Fleischstücke 1 ½ bis 2 Stunden bei geringer Hitze garen. In der Zwischenzeit

die Rosinen in Kirschwasser ungefähr 1 Stunde quellen lassen.
Abschmecken und die Rosinen hinzufügen, weitere 10 Minuten garen lassen. Das Fleisch auf einer vorgewärmten Platte, nach Belieben garniert mit gekochtem Gemüse der Saison, servieren. Die Crème fraîche unter die Sauce ziehen und sie in einer Sauciere servieren.
Variante: Das Rezept läßt sich ebensogut mit Pinot blanc zubereiten.
Dies ist ein sehr altes Gericht aus dem Gebiet des Oberelsaß.

Geschnetzeltes Rindfleisch nach Straßburger Art

Vorbereitungszeit: 30 Minuten
Bratzeit: 20 Minuten

600 g Rindsfilet (End- oder Anfangsstück), 3 Artischockenherzen, 150 g frische Gänseleber, 24 Trüffelstreifen, 2 cl Cognac, 1 dl Riesling, 2 dl brauner Kalbsfond, 3 graue Schalotten, 150 g Butter, Salz und Pfeffer, 1 kleines Glas Portwein
Dazu empfohlener Wein: Pinot noir, Riesling

Das Fleisch, die Artischockenherzen und die Gänseleber in kleine Stücke schneiden.
In einer Pfanne etwas Butter erhitzen. Das Fleisch hineingeben und anbraten, Gänseleber und Artischocken hinzufügen. Ungefähr drei Minuten schmoren lassen. Die gehackten Schalotten darüberstreuen, salzen und pfeffern.
Alles in ein Sieb schütten und das Fett abtropfen lassen.
Die Pfanne mit Cognac und Riesling ablöschen, einkochen lassen, Kalbsfond zugießen.
Die Fleischmischung mit den Artischocken in den Fond geben. Das Ragout mit dem Rest der frischen Butter binden. Abschmecken.
Auf einem vorgewärmten Teller anrichten und mit den vorher in Portwein erhitzten Trüffelstreifen garnieren.

Rindsfilet in Pinot rouge

Vorbereitungszeit: 20 Minuten
Bratzeit: 30 Minuten

Berechnen Sie 200 g Rindsfilet pro Person, 4 Schalotten, 2 dl Pinot rouge, 2dl Kalbsfond (siehe S. 93), ½ Lorbeerblatt, 1 Thymianstengel, Salz und Pfeffer, 200 g Butter, 1 El Fleischextrakt (siehe S. 95), 150 g Rindermark (Metzger den Knochen entnehmen lassen), 2 El Petersilie und Kerbel
Dazu empfohlener Wein: Pinot noir

Die Rindfleischstücke in Butter je nach Geschmack englisch, medium oder durch in einer Schmorpfanne braten.
Auf einer vorgewärmten Platte anrichten und warm stellen.
Die Schalotten schälen und hacken. In einer Pfanne dünsten. Mit dem Pinot rouge ablöschen und den Bratensud mit einem Schneebesen einrühren. Das Lorbeerblatt, Thymian und Kalbsfond zugeben. Einkochen lassen. Die Sauce durch ein Haarsieb streichen und den Rest der Butter sowie den Fleischextrakt (siehe S. 95) einrühren. Abschmecken.
Die Sauce über die Rindfleischstücke gießen. Die Markscheiben, die vorher in kochendem Salzwasser pochiert wurden, darüber verteilen. Mit den Kräutern bestreuen.
Als Beilage können Sie Lauchauflauf (siehe S. 189) oder Bauernkartoffeln (siehe S. 192) servieren.
Ein großes Rezept, das aus dem Oberelsaß stammt.

Kalbsmedaillon mit feinen Kräutern

Vorbereitungszeit: 15 Minuten
Bratzeit: 20 Minuten

12 Kalbsmedaillons (aus dem Filet), 2 dl Sylvaner, 2 dl Crème fraîche, 1 El Senf, 1 El Petersilie, Schnittlauch, gehackter Kerbel, Estragon, 200 g Butter, 50 g Mehl, Salz und Pfeffer
Dazu empfohlener Wein: Sylvaner, Riesling

Die Kalbsmedaillons salzen, pfeffern und in Mehl wenden. In Butter braten. Auf einer vorgewärmten Platte anrichten und warm stellen. Den Bratensud abgießen. Die Schmorpfanne mit dem Wein ablöschen und einkochen lassen. Crème fraîche zugeben und noch einmal einkochen lassen. Senf hinzufügen, abschmecken.
Die Sauce durch ein Haarsieb streichen und den Rest der Butter einrühren.
Die Medaillons mit der Sauce übergießen und reichlich mit Kräutern bestreuen.
Dieses Gericht wird mit Spätzle (siehe S. 195) oder frischen Nudeln (siehe S. 194) gereicht.

Kalbsbrust gefüllt

Vorbereitungszeit: 1 Stunde
Bratzeit: 1 Stunde

1,5 kg Kalbsbrust (beim Metzger zum Füllen vorbereiten lassen)
Für die Füllung: 250 g Schweinefleisch (Nacken), 150 g Weißbrot, 2 Zwiebeln, 1 El gehackte Petersilie, 2 Eier, 1 dl Milch, Salz und Pfeffer, 50 g Butter
Zum Braten: 1 Karotte, 1 Zwiebel, 1 Glas Sylvaner oder Riesling, 1 Glas Wasser oder Fleischbrühe, 50 g Butter, 1 El Öl
Dazu empfohlener Wein: Sylvaner oder Riesling (je nachdem, welchen Wein Sie bei der Zubereitung verwendet haben)

Das Brot in der Milch einweichen.
Die geschälten und in Scheiben geschnittenen Zwiebeln ungefähr 5 Minuten mit einem Stück Butter anbraten.
Das Schweinefleisch mit dem aufgeweichten und mit der Hand gut ausgedrückten Weißbrot im Mixer kleinhacken. Eier, Zwiebeln und Petersilie hinzufügen, salzen, pfeffern und alles gut durchmischen. Die Kalbsbrust mit dieser Farce füllen und die Öffnung wieder schließen.
Die Brust salzen und pfeffern und mit Öl und Butter in einen

Bräter auf eine Schicht aus mittelgroßen Karotten und Zwiebelstücken legen. Den Bräter in den auf 180° vorgeheizten Ofen schieben.
Wenn die Brust goldgelb geworden ist, mit Wein und Wasser oder Fleischbrühe ablöschen, zudecken und bei geringer Hitze 1 bis 1½ Stunden schmoren lassen. Wichtig: Die Brust oft mit dem Bratensatz übergießen.
Das Fleisch aus dem Bräter nehmen. In Scheiben schneiden und in einer tiefen vorgewärmten Platte anrichten. Mit dem entfetteten Bratensud übergießen.
Mit Gemüse nach Wunsch oder mit Spätzle (siehe S. 195) garnieren. Die Kalbsbrust kann man auch kalt mit grünem Salat servieren.

Kutteln in Riesling

Vorbereitungszeit: 20 Minuten
Kochzeit: 1 Stunde

1 kg gekochte Kutteln, 2 große Zwiebeln, 3 Knoblauchzehen, 50 g Mehl, 2 dl Riesling, 1 El Öl, 200 g Butter, 2 dl weißer Kalbsfond, 1 dl Crème fraîche, Salz und Pfeffer, Muskat, 1 El Curry, 1 El Petersilie und gehackter Schnittlauch
Dazu empfohlener Wein: Riesling, Sylvaner

Kaufen Sie bereits gekochte Kutteln.
Die Kutteln in feine Streifen schneiden, in einem Schmortopf mit Öl und Butter andünsten, die geschälten und gehackten Zwiebeln sowie die geschälten und zerdrücken Knoblauchzehen hinzufügen. Mit dem Mehl bestreuen, den Wein zugießen, salzen, pfeffern, Muskat, Curry und Kalbsfond zugeben. Bei schwacher Hitze 1 bis 1½ Stunden kochen lassen.
Mit Crème fraîche und dem Rest der Butter binden. Abschmecken.
Die Kutteln in eine tiefe Platte legen. Mit Petersilie und gehacktem Schnittlauch bestreuen.

Sauerkraut nach elsässischer Art

Vorbereitungszeit: 1 Stunde
Kochzeit: 2 Stunden

1,5 kg rohes Sauerkraut, 3 Eisbeine, 1 kg Schweinskarree halb gesalzen (oder ½ geräucherte Schulter), 300 g geräucherter Speck, 400 g gesalzener Speck, 200 g Weißwürste, 6 Straßburger Würstchen, 3 Kolmarer Würste, 6 Leberknödel (siehe S. 158), 2 Blutwürste, Salz und Pfeffer, 1 Lorbeerblatt, 3 Gewürznelken, 6 Wacholderbeeren, 2 Zwiebeln, 3 Knoblauchzehen, ½ Sylvaner oder Riesling, ¼ l Wasser oder Fleischbrühe, 150 g Schweineschmalz
Dazu empfohlener Wein: Riesling oder Sylvaner (je nachdem, welchen Wein Sie für die Zubereitung verwenden)

Das Sauerkraut öfter mit viel Wasser waschen und gut abtropfen lassen.
Das Schweineschmalz in einen Schmortopf geben und die geschälten, sehr klein geschnittenen Zwiebeln leicht darin anbraten. Mit Wein und Wasser oder Fleischbrühe ablöschen.
Die Eisbeine, das gesalzene Schweinskarree, bzw. die Schulter und den gesalzenen und geräucherten Speck in den Topf legen. (Sie können das gesalzene Fleisch vorher in einem großen Gefäß mit frischem Wasser auswässern lassen.) Das Sauerkraut darübergeben. Leicht salzen (aber nur, wenn Sie geräucherte Schweineschulter und nicht das gesalzene Schweinskarree verwenden) und pfeffern. Die Gewürznelken, Wacholderbeeren und das Lorbeerblatt hinzufügen.
Zudecken und 1½ Stunden im Ofen bei 180° schmoren lassen.
Die Straßburger und Kolmarer Würste 10 Minuten in lauwarmem Wasser mit den Leberknödeln pochieren.
Die Weiß- und Blutwürste mit dem Schweineschmalz in einer Pfanne rösten.
Das fertige Sauerkraut abschmecken. In einer vorgewärmten tiefen Platte anrichten. Das Fleisch und die Wurststücke darüber verteilen. Die Leberknödel werden gesondert serviert.
Dazu gekochte Kartoffeln.

Dies ist das in der Welt bekannteste elsässische Gericht. Überlieferungen aus den vergangenen Jahrhunderten versäumen nicht, es lobend zu erwähnen. Sie lehren uns, daß es ein im ganzen Elsaß verbreitetes Familiengericht war, das aber auch auf den Tischen der weltlichen und kirchlichen Fürsten nicht fehlte und ebenso Bestandteil festlicher Banketts war.
Der Ursprung des Sauerkrauts ist im Laufe der Zeit in Vergessenheit geraten. Der Name »Surkrut« bedeutet saures Kraut.
Die elsässische Ebene eignet sich hervorragend für den Anbau des Sauerkrautkohls. Der Anbau ist im wesentlichen auf drei Gemeinden des Unterelsaß südöstlich von Straßburg: Geispolsheim, Blaesheim und Krautergersheim, und fünf Gemeinden des Oberelsaß: Riedwihr, Illhaeusern, Holtzwihr, Bischwihr und Wickersschwihr, begrenzt.
Im Elsaß wird das Sauerkraut in der Familie oder industriell zubereitet. Der Kohl wird geputzt, die beschädigten Blätter und der Strunk entfernt. Die grünen Blätter werden in ein Holz- oder Steinfaß gelegt. Darüber gibt man schichtweise grobes Salz und die feingeschnittenen Außenblätter des Kohls. Zum Schluß eine Handvoll Salz, vermischt mit ein paar Wacholderbeeren. Das Ganze wird mit einem Tuch und darüber einem Deckel (mit dem gleichen Durchmesser wie das Gefäß) bedeckt. Auf den Deckel wird ein schwerer Stein oder ein Gewicht gelegt. Schon am nächsten Tag ist der Dekkel mit der salzigen Flüssigkeit überschwemmt.
Es dauert zwei oder drei Wochen, bis das Sauerkraut richtig durchgesäuert ist.
Darauf achten, daß das Sauerkraut ständig in der Flüssigkeit schwimmt; man füllt, wenn nötig, Wasser nach.
Das im Winter oder Frühling geerntete und frisch zubereitete Sauerkraut ist das beste.
Wenn man altes Sauerkraut benutzt, ist es empfehlenswert, es vor der Zubereitung 30 Minuten in kaltem klarem Wasser einzuweichen.

Eingelegte Rüben

Vorbereitungszeit: 1 Stunde
Kochzeit: 2 Stunden 30 Minuten

600 g geräucherte Schweineschulter, 300 g gesalzener Speck, 300 g geräucherter Speck, 300 g Bauernwürste, 2 kg gesalzene Rüben (hiermit ist das mit einem Spezialhobel geschnittene, gesalzene Gemüse gemeint, das nur bei einem Metzger, bei dem elsässische Spezialitäten verkauft werden, erhältlich ist), 150 g Gänse- oder Schweineschmalz, 2 Zwiebeln, 2 Knoblauchzehen, 2 Gewürznelken, ½ Lorbeerblatt, ½ l Sylvaner, ½ l Wasser
Dazu empfohlener Wein: Sylvaner, Riesling

Die geschälten und in Scheiben geschnittenen Zwiebeln in einem Schmortopf mit dem Gänse- oder Schweineschmalz anbraten.
Die Rüben waschen, abtropfen lassen und mit den Händen ausdrücken. Die Hälfte auf die Zwiebeln legen. Das Fleisch, den geräucherten, dann den gesalzenen Speck daraufgeben.
Die geschälten und geschnittenen Knoblauchzehen mit den Gewürznelken und dem Lorbeerblatt in einem kleinen Tuch verschnüren und in den Topf legen. Mit dem Rest der Rüben bedecken. Wein und Wasser angießen. Zudecken und bei mittlerer Hitze aufkochen lassen. Danach 2 Stunden im Ofen bei 180° kochen. Es ist wichtig, während des Kochens genau darauf zu achten, wann das Fleisch und der Speck fertig sind und herausgenommen werden können. Sie sollten durchgekocht und leicht knusprig sein.
Die Bauernwürste 10 Minuten in einer Pfanne von allen Seiten rösten.
Die Rüben auf einer vorgewärmten Platte anrichten. Die Fleischscheiben, den Speck und die Würste darüberlegen.

Gefüllter Schweinemagen für 10–12 Personen

Wässern: 2 Tage
Vorbereitungszeit: 1 Stunde
Bratzeit: 3 Stunden 30 Minuten

1 Schweinemagen, 1 kg Kartoffeln, 300 g Zwiebeln, 100 g Schalotten, 50 g Petersilie, 2 Eier, 600 g Schweinenacken, 300 g Schweinefilet, 100 g Butter, Salz und Pfeffer, 2 Handvoll grobkörniges Salz, 5 dl Weinessig, 1 Tl Viergewürzmischung (siehe S. 102), 2 dl Fleischbrühe
Dazu empfohlener Wein: Riesling, Pinot noir

Den Schweinemagen 2 Tage in Essig und Salz auswässern lassen. Mit viel Wasser waschen und, um die Haut zu entfernen, mit einem Messer abschaben.
Die Petersilie hacken, die Kartoffeln schälen und in kleine Würfel schneiden. 5 Minuten in kochendem Wasser blanchieren.
Die geschälten und gehackten Schalotten und Zwiebeln in einer Pfanne in Butter glasig werden lassen. Kartoffeln hinzufügen und ungefähr 10 Minuten bei schwacher Hitze dünsten. Das Schweinefilet in kleine Würfel schneiden und in Butter goldbraun braten.
Den Schweinenacken sehr fein schneiden. Die gehackte Petersilie und die Eier daruntermischen, abschmecken. Diese Farce sorgfältig verarbeiten und zu den gebratenen Kartoffeln geben, gut mischen.
Den Schweinemagen mit dieser Farce füllen. Die Öffnung verschließen und ungefähr 2 Stunden in siedendem Wasser garen. Den Magen während des Kochens von Zeit zu Zeit mit einer feinen Nadel einstechen. Wenn kein Saft mehr herauskommt, ist die Füllung gar. Aus dem Wasser nehmen und abtropfen lassen.
Den Schweinemagen anschließend ungefähr 45 Minuten in einem gußeisernen Schmortopf braten, dann herausnehmen. Den Schmortopf mit wenig Wasser und der Fleischbrühe ablöschen. Den Magen in Scheiben schneiden und auf einer

warmen Platte anrichten. Den Bratensaft in einer Sauciere dazureichen. Dieses Gericht wird sehr heiß gegessen.
Ein Rezept von den Bauernhöfen der Bergtäler. Der gefüllte Schweinemagen ist ein typisches Wintergericht, das man vor Weihnachten, am Schlachttag zubereitet.

Geschnetzelte Schweineleber in Essig

Vorbereitungszeit: 15 Minuten
Bratzeit: 10 Minuten

600 g Schweineleber, 300 g Champignons, 1 dl Sylvaner, 1 dl Weinessig, 2 dl brauner Kalbsfond (siehe S. 93), 3 Schalotten, 200 g Butter, 1 El Öl, Salz und Pfeffer, 1 El Petersilie und gehackter Schnittlauch
Dazu empfohlener Wein: Sylvaner

Die Leber in kleine Würfel von 2 cm Breite und ½ cm Dicke schneiden, salzen und pfeffern.
Diese Stücke in Butter und Öl anbraten. In einem kleinen Sieb abtropfen und warm stellen. Die Champignons waschen und abtrocknen; in Scheiben schneiden. Die Schalotten schälen und hacken. In einem Topf mit einem Stück Butter anbraten. Zu den Leberstücken geben.
Die Schmorpfanne mit Essig und Sylvaner ablöschen, einkochen lassen und Kalbsfond zugeben. Champignons und Leber wieder in den Schmortopf geben. Mit frischer Butter binden. Abschmecken. Petersilie und gehackten Schnittlauch darüberstreuen.

Leberknödel vom Schwein oder »Lawerknepfle«

Vorbereitungszeit: 30 Minuten
Kochzeit: 20 Minuten

250 g fettes Schweinefleisch (Rücken) ohne Knochen, 250 g Schweineleber, 80 g Mehl, 50 g Butter, 1 Zwiebel, 2 Knoblauchzehen, 4 Eier, Salz und Pfeffer
Außerdem: 100 g Butter, 2 Zwiebeln, 1 El gehackte Petersilie, 3 l Wasser, Salz
Dazu empfohlener Wein: Sylvaner

Die geschälte und in Scheiben geschnittene Zwiebel und Knoblauchzehen in Butter anbraten.
Fleisch und Leber im Mixer fein hacken. Zwiebel, Knoblauchzehen, Mehl und Eier zu dem gehackten Fleisch geben, mit Salz und Pfeffer würzen, gut vermischen.
2 bis 3 Liter Salzwasser in einem großen Schmortopf zum Kochen bringen. Mit Hilfe von zwei Eßlöffeln den gewürzten Fleischbrei zu Klößen formen. Die Knödel ungefähr 10 Minuten in siedendem Wasser pochieren. Wenn die Knödel an die Wasseroberfläche steigen, sind sie gar.
Die fertigen Knödel mit einem Schaumlöffel aus dem Topf nehmen und auf einer vorgewärmten Platte verteilen. Vor dem Servieren mit den geschälten, gehackten und in Butter goldgelb gebratenen Zwiebeln übergießen. Gehackte Petersilie darüberstreuen.
Diese Knödel sind unter anderem eine ausgezeichnete Beilage zum Sauerkraut oder Bratkartoffeln und grünem Salat.

Blutwurst

Vorbereitungszeit: 1 Stunde
Kochzeit: 60 Minuten

3 l Schweineblut, 5 dl Crème fraîche, 5 dl Milch, 4 Milchbrötchen, 5 große Zwiebeln, 3 Stangen Lauch, Salz und Pfeffer, 1 Prise Gewürzsalz (siehe S. 102), 4 Därme (beim Metzger erhältlich), 50 g Bindfaden, 50 g Schweineschmalz, 1 El Mehl
Dazu empfohlener Wein: Pinot noir, Sylvaner

Zwiebeln schälen und in Scheiben schneiden; Lauch schälen und waschen.
Die Zwiebelscheiben und den Lauch im Schweineschmalz 20 Minuten schmoren. Danach das Mehl darüberstäuben. Alles gut mischen.
Die Brötchen in Crème fraîche und Milch einweichen.
Alles durch den Fleischwolf passieren. Mit dem Schweineblut mischen. Mit Salz, Pfeffer und Gewürzsalz würzen.
Die vorher gut gewaschenen Därme mit dieser Farce füllen. Die Portionen zusammenbinden. In einen mit kaltem Wasser gefüllten Topf legen. Erhitzen. Die Blutwürste 30 Minuten in siedendem, aber nicht kochendem Wasser pochieren. Um sich zu vergewissern, ob sie gar sind, mit einer Nadel anstechen. Wenn keine Flüssigkeit ausläuft, sind sie fertig.
Die Blutwürste anschließend 10 Minuten in einer Pfanne rösten. Auf einer vorgewärmten Platte anrichten. Sie können sie mit in Scheiben geschnittenen und in Butter glasig gebratenen Zwiebeln ebenso wie mit in Butter gedünsteten Apfelstückchen garnieren.
In den elsässischen Familien auf dem Land, aber auch in der Stadt, bereitet man die Blutwurst gern selbst zu. Sie schmeckt besser als die gekaufte.

Schinken in Brotteig

Vorbereitungszeit: 30 Minuten
Backzeit: 3 Stunden

Dieses Gericht reicht für 15 bis 20 Personen

1 gesalzener, leicht geräucherter Schinken, 2 Zwiebeln, 2 Karotten, 1 Stange Lauch, 1 Thymianstengel, ½ Lorbeerblatt, 1 Flasche Sylvaner, 1,5 kg Brotteig (siehe S. 198 – oder beim Bäcker erhältlich) oder Mürbeteig (siehe S. 198), 2 Eigelb zum Bestreichen, 1 l Wasser
Dazu empfohlener Wein: Sylvaner, Riesling

Beim Metzger einen leicht gesalzenen, kaum geräucherten Schinken der gewünschten Größe kaufen.
Den Schinken in einen Topf legen. Weißwein und Wasser zugießen. Der Schinken soll gut bedeckt sein. Die geschälten, gewaschenen und in Stücke geschnittenen Gemüse sowie Thymianstengel und Lorbeerblatt hinzufügen.
Den Schinken in siedendem Wasser (80°) pochieren, 20 Minuten pro Pfund. Im Kochsud erkalten lassen.
Den Schinken herausnehmen und die Schwarte abziehen. In den ½ cm dick ausgerollten Brotteig drehen, die Ecken mit Wasser befeuchten und mit den Fingern andrücken. Ein Loch in die Teigoberfläche stechen. Mit dem Eigelb bestreichen.
Auf einem gebutterten Backblech im Ofen bei 180° ungefähr 2 Stunden backen.
In einer vorgewärmten Schüssel anrichten und sehr heiß essen. Der Schinken in Brotteig wird mit Spinat und Dauphine-Kartoffeln oder mit einem gut gewürzten Salat der Saison serviert.

»Schiffala« oder Gesalzene, geräucherte Schweineschulter

Wässern: 6 Stunden
Vorbereitungszeit: 30 Minuten
Kochzeit: 1 Stunde 30 Minuten

1 gesalzene, geräucherte Schweineschulter, 5 dl Sylvaner, 5 dl Wasser, 1 Karotte, 1 Zwiebel, 1 Lauchstengel, ½ Sellerieknolle, ½ Lorbeerblatt
Dazu empfohlener Wein: Sylvaner, Pinot blanc

Das Fleisch 6 Stunden in kaltem Wasser wässern, wenn es zu sehr gesalzen ist. Abtropfen lassen. Das Schulterstück zusammen mit dem gewaschenen, geschälten, kleingeschnittenen Gemüse und dem Lorbeer mit Wein und Wasser begießen. Ungefähr 1½ Stunden langsam sieden. Auf einer vorgewärmten Platte anrichten. Mit Kartoffelsalat servieren.

Gesalzene Schweineschulter mit Kleingemüse

Vorbereitungszeit: 30 Minuten
Schmorzeit: 1 Stunde 30 Minuten

1 gesalzene Schweineschulter, 1 Lauchstengel, 2 Karotten, ½ Sellerieknolle, 12 Perlzwiebeln, 6 Knoblauchzehen, 2 dl Riesling, 3 dl Kalbsfond (siehe S. 93), 100 g Butter
Dazu empfohlener Wein: Sylvaner, Riesling

Den weißen Teil des Lauchstengels kleinschneiden, Karotten und Sellerie in Stäbchen schneiden. In einem Schmortopf 5 Minuten in Butter dämpfen. Die Schweineschulter auf die Gemüseschicht legen, mit Riesling und Kalbsfond zugießen. 1¼ Stunden bei mittlerer Hitze (180°) schmoren lassen. Häufig mit dem Sud überschöpfen. Das Fleisch aus dem Topf nehmen und in dünne Scheiben schneiden. Auf einer vorgewärmten Platte anrichten, das Gemüse rundherum garnieren. Mit dem eingekochten Sud übergießen.
Als Beilagen Röstkartoffeln und grünen Salat der Saison, im Herbst Feldsalat dazugeben. Sehr heiß servieren.

GEFLÜGEL – KANINCHEN

Kaninchen in Pinot rouge · Gefüllte Gans · Tauben mit Hühnerbrust · Poularde in Riesling · Poularden mit Krebsen · Sautiertes Geflügel nach Winzer Art · Küken aus der Wantzenau

Kaninchen in Pinot rouge

Vorbereitungszeit: 20 Minuten
Kochzeit: 1 Stunde

1 Kaninchen von 1,5 bis 2 kg, 6 Schalotten, 6 Knoblauchzehen, 2 dl Pinot rouge, 2 dl brauner Kalbsfond, 250 g Butter, 2 El Öl, 1 El Petersilie und Schnittlauch, Salz und Pfeffer, 500 g Pfifferlinge oder frische Morcheln
Dazu empfohlener Wein: Pinot rouge

Das Kaninchen wie für ein Ragout in Stücke schneiden. Mit Salz und Pfeffer würzen.
Die Kaninchenstücke in einem gußeisernen, emaillierten Schmortopf oder einem Bräter aus Kupfer in Öl schmoren. Wenn die Stücke goldgelb sind, das Öl abtropfen lassen und mit 100 g Butter bei schwacher Hitze zugedeckt 45 Minuten dünsten.
Die Kaninchenstücke auf einer Platte anrichten. Die gehackten Schalotten und Knoblauchzehen in den Schmortopf geben und anbraten. Mit dem Pinot rouge ablöschen und schmoren lassen. Den Kalbsfond hinzufügen. Die Sauce mit dem Rest der Butter binden. Abschmecken.
Die Kaninchenstücke mit dieser Soße übergießen und mit Petersilie und Schnittlauch bestreuen.
Die in der Zwischenzeit in Butter gedünsteten Pfifferlinge oder Morcheln dazu servieren.

Gefüllte Gans

Vorbereitungszeit: 1 Stunde
Bratzeit: 3 Stunden

1 junge Gans von 2,5 bis 3 kg, 300 g Zwiebeln, 250 g Brot, 2 dl Milch, 300 g Schweinefilet, 2 Geflügellebern, 2 Eier, 100 g Butter, 5 dl Cognac, Salz und Pfeffer
Dazu empfohlener Wein: Pinot noir, Riesling

Federreste absengen und die Gans ausnehmen. Die Leber aufbewahren.
Zubereitung der Farce:
Die Zwiebeln hacken und in Butter glasig werden lassen.
Die Gänseleber mit den zwei Geflügellebern in Butter anbraten und mit Cognac flambieren. Auf einem Teller beiseitestellen.
Das in Milch eingeweichte Brot abtropfen lassen und den Rest der Flüssigkeit ausdrücken.
Das Schweinefilet, die Lebern, Zwiebeln und Brot kleinhakken.
Diese Zutaten in eine Schüssel geben und gut mischen, zwei Eier hinzufügen, salzen und pfeffern. Das Innere der Gans mit Salz und Pfeffer bestreichen. Die Farce einfüllen und die Öffnung verschließen, damit die Füllung nicht auslaufen kann.
Einen großen, gußeisernen, emaillierten Schmortopf einfetten. Die Gans salzen und pfeffern, in den Topf legen und im Ofen 2 bis 2½ Stunden bei geringer Hitze braten. Häufig mit dem Bratensud übergießen. Nach dem Braten das Fett abschütten. Für die Bratensauce ein wenig Kalbsfond zugießen.
Servieren Sie als Beilage Rotkohl mit Maronen. Sehr heiß servieren.

Poularden mit Krebsen

Vorbereitungszeit: 30 Minuten
Kochzeit: 45 Minuten

2 Poularden von 1 bis 1,2 kg, 24 mittelgroße Krebse, 3 dl Riesling, 3 Schalotten, 6 Trüffelstreifen (nach Belieben), 1 Prise Safran, 4 Eigelb, 3 dl Crème fraîche, 200 g Butter, Salz und Pfeffer, 2 Karotten, 2 Stangen Lauch, 1 Zwiebel, 1 Selleriestange, 1 Gewürzsträußchen
Dazu empfohlener Wein: ein großer Riesling, ein guter Sylvaner

Die Krebse 8 bis 10 Minuten mit dem geschnittenen Gemüse, den Karotten, dem Weißen der Lauchstange, der Zwiebel, der Selleriestange und dem Gewürzsträußchen kochen. Erkalten lassen. Die Krebse abschälen, Schwänze aufbewahren und die Schalen zerstoßen.
Die Poularden ausnehmen, dann die Beine zusammenbinden, salzen und pfeffern.
Ein großes Stück Butter in einen gußeisernen Schmortopf geben. Die Hühner einfüllen und andünsten. Die gehackten Schalotten hinzufügen, mit Riesling ablöschen.
Die zerstoßenen Krebse zugeben, mit Safran würzen und bedeckt 35 Minuten dämpfen.
Die fertigen Hühner tranchieren, auf einer Platte anrichten und warmstellen.
Den Bratensud durch ein Haarsieb in eine Schmorpfanne streichen. 2 dl Crème fraîche hinzufügen und kurz aufkochen lassen. Vom Feuer nehmen, mit dem Rest Crème fraîche und dem Eigelb binden.
Die Krebsschwänze in wenig Butter erhitzen und auf die Hühnerstücke legen. Die Sauce mit Butter abrunden und über die Hühnerstücke gießen. Je nach Geschmack mit Trüffel garnieren.

Sautiertes Geflügel nach Winzer Art

Vorbereitungszeit: 20 Minuten
Kochzeit: 30 Minuten

2 Hühner von 1,4 kg, 8 Knoblauchzehen, 4 graue Schalotten, 1 El Tomatenmark, 1 dl Weinessig, 1 dl Riesling, 1 dl brauner (siehe S. 93) oder weißer Fond (siehe S. 93), Salz und Pfeffer, 1 El gehackte Petersilie, 250 g Butter
Dazu empfohlener Wein: Sylvaner, Tokayer, Riesling

Jedes Huhn in vier Teile zerlegen, salzen und pfeffern.
Ein Stück Butter in einer Pfanne zerlassen. Die Hühnerstücke dazugeben und auf beiden Seiten goldgelb braten. Dann in einen Schmortopf geben.
Die Butter aus der Pfanne abgießen. Die sehr fein gehackten Knoblauchzehen und Schalotten hinzufügen. Mit Essig und Weißwein ablöschen. Tomatenmark zugeben und leicht einkochen lassen. Den weißen oder braunen Fond zugießen und diese Sauce über die Hühnerstücke schütten. Bedeckt bei schwacher Hitze 30 Minuten dämpfen.
Die Hühnerstücke auf einer vorgewärmten Platte anrichten.
Den Bratenfond entfetten und den Rest der Butter einrühren.
Abschmecken.
Das Geflügel mit dieser Sauce begießen. Gehackte Petersilie darüberstreuen. Die Sauce sollte ein wenig säuerlich sein, wenn nötig, nach Geschmack einen Tropfen Essig hinzufügen.

Tauben mit Hühnerbrust

Vorbereitungszeit: 1 Stunde
Garzeit: 2 Stunden

6 junge Tauben, 1 Suppenhuhn, 50 g gehackte Petersilie, 200 g Champignons, 1 dl Crème fraîche, 2 dl Riesling, 150 g Butter, Salz und Pfeffer, 1 Suppengrün, 2 Karotten, 2 Rüben, 3 Lauchstengel, 1 Selleriestange, 1 Gewürzsträußchen, Zitronensaft
Dazu empfohlener Wein: ein großer Riesling, ein ausgezeichneter Sylvaner

Das Huhn mit 2 Liter Wasser in eine Kasserolle geben. Das Suppengrün hinzufügen. Eine Stunde kochen, die Brühe dann erkalten lassen. Das kalte Huhn aus dem Topf nehmen und das Fleisch in kleine Würfel schneiden. Die Brühe aufbewahren.
Die Champignons schneiden und mit der Butter und dem Zitronensaft ungefähr 5 Minuten kochen.
Die Geflügel- und Champignonstücke in einer kleinen Schmorpfanne mit wenig Butter andünsten, ohne sie braun werden zu lassen. Salzen, pfeffern, mit Crème fraîche binden.
Die Tauben innen und außen würzen, mit Butterstückchen und ihren Lebern füllen.
60 g Butter in einer Schmorpfanne zerlassen, die Tauben hineinlegen und ungefähr 15 Minuten bei schwacher Hitze im Ofen braten. Häufig mit eigenem Saft begießen.
Die Tauben aus der Pfanne nehmen und warm stellen. Den Bratensud abgießen. Die Pfanne mit Riesling ablöschen, bei geringer Hitze einkochen lassen. 2 dl Hühnerbrühe hinzufügen. Noch einmal ungefähr 10 Minuten einkochen lassen. Mit Butter binden. Abschmecken.
Sechs Teller in der Mitte mit dem Geflügelragout und den Champignons garnieren. Die Tauben vierteln und fächerförmig um das Ragout anrichten. Mit der Bratensauce übergießen und mit gehackter Petersilie garnieren.

Poularde in Riesling

Vorbereitungszeit: 45 Minuten
Kochzeit: 40 Minuten

2 Poularden von 1,2 kg, 1 Zwiebel, 2 Knoblauchzehen, ½ l Riesling, 300 g Champignons, ½ l Crème fraîche, 280 g Butter, Salz und Pfeffer, Saft einer halben Zitrone
Dazu empfohlener Wein: Riesling

Die Poularden vierteln, salzen und pfeffern. Die Stücke in einer Schmorpfanne mit wenig Butter leicht anbraten. Die geviertelte Zwiebel und Knoblauchzehen hinzufügen, mit Riesling ablöschen.
Die in Scheiben geschnittenen Champignons mit wenig Butter und dem Saft der Zitrone in einer Pfanne schmoren. Abtropfen lassen und warm stellen. Den Champignonsud auf die Hühnerstücke gießen. Bei schwacher Hitze 35 Minuten ziehen lassen.
Die Hühnerstücke auf einer vorgewärmten Platte anrichten und die Champignons darüberstreuen.
Crème fraîche in den Sud geben. 5 Minuten einkochen lassen. Den Rest der Butter in diese Sauce schlagen und abschmecken. Die Hühnerstücke mit der Sauce übergießen.

Küken aus der Wantzenau

Vorbereitungszeit: 20 Minuten
Bratzeit: 30 Minuten

6 Küken von ungefähr 450 g, 1 dl Riesling, 1 dl Crème fraîche, 150 g Butter, gehackte Estragonblätter, Salz und Pfeffer
Dazu empfohlener Wein: Riesling, Sylvaner

Küken aus der Wantzenau werden meistens schön knusprig gebraten und mit grünem Salat der Saison und Pommes frites serviert.
Hier ein besonders gutes Rezept:

Die Küken rupfen, absengen und ausnehmen. Innen salzen und pfeffern und mit jeweils einem kleinen Estragonzweig füllen.
In einem Bräter bei 180° bis 200° 25 Minuten braten. Häufig mit dem Bratensud übergießen.
Die fertigen Küken auf einer Schüssel anrichten und warm stellen.
Die Butter abschütten und den Bräter mit Riesling ablöschen. Einkochen lassen. Crème fraîche hinzufügen, noch einmal einkochen lassen, salzen und pfeffern. Die Sauce durch ein Haarsieb in eine kleine Kasserolle passieren. Mit dem Rest der Butter binden, abschmecken.
Die Küken mit dieser Sauce übergießen und einige gehackte Estragonblätter darüberstreuen.

WILD

Rehnüßchen · Rehragout · Rehrücken Saint-Hubert · Hasenpfeffer nach elsässischer Art · Frischlingskoteletts · Hasenrücken in Rahmsauce · Rebhuhn mit Weintrauben · Fasan nach elsässischer Art · Fasan mit Gänseleber und Trüffel · Fasan in Rahmsauce mit Champignons · Fasanbrüstchen in Rahmsauce

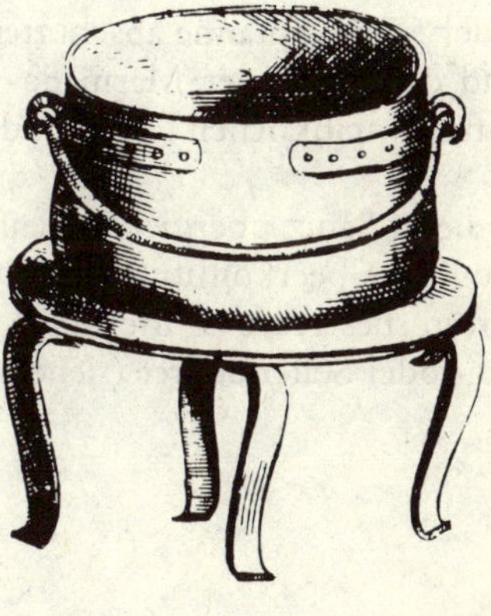

Rehnüßchen

Marinieren: 12 Stunden
Vorbereitungszeit: 1 Stunde
Kochzeit: 30 Minuten

1 Rehrücken, 1 dl Pinot rouge, 5 dl Cognac, 2 dl Wild- (siehe S. 94) oder Kalbsfond (siehe S. 93), 150 g Butter, 1 dl Sahne, Salz und Pfeffer
Für die Marinade: 1 Thymianstückchen, ½ Lorbeerblatt, 6 Wacholderbeeren, 2 dl Pinot rouge
Dazu empfohlener Wein: Pinot noir oder schwere Rotweine aus Burgund oder aus Bordeaux

Das Fleisch des Rehrückens von den Knochen lösen und von den Knochen einen Wildfond zubereiten.
Die Filets auslösen, jedes in 6 Nüßchen schneiden und eine Nacht in der Marinade stehenlassen.
Die Nüßchen aus der Marinade nehmen, mit einem Tuch trocknen, salzen und pfeffern, leicht in Mehl wenden und in Butter in einer Pfanne schmoren. Darauf achten, daß sie rosig bleiben. Auf einer vorgewärmten Platte anrichten.
Die Butter aus der Schmorpfanne abschütten. Mit Cognac, rotem Pinot und dem Rest der Marinade ablöschen. Den Wildfond hinzufügen, einkochen lassen und mit Sahne und Butter binden.
Das Fleisch mit dieser Sauce übergießen, heiß servieren.
Reichen Sie dazu Preiselbeerkonfitüre, in Butter geschmorte und mit Kräutern bestreute Pfifferlinge, Spätzle (siehe S. 195), Maronen- oder Selleriepüree (siehe S. 187).

Rehragout

Marinieren: 12 Stunden
Vorbereitungszeit: 1 Stunde
Kochzeit: 2 Stunden

2 kg Rehfleisch (Schulter, Nacken oder Brust)
Für die Marinade: 2 dl Sylvaner, 2 dl Rotwein, 1 Zwiebel, 1 Karotte, 6 Knoblauchzehen, 6 Schalotten, 3 Thymianzweige, ½ Lorbeerblatt, Salz und Pfeffer.
Für die Zubereitung: 50 g Mehl, 2 El Öl, 150 g Butter, 150 g mageren, geräucherten Speck, 300 g kleine Champignons, 2 dl Kalbsfond (siehe S. 93), 3 Thymianstengel, ½ Lorbeerblatt, 6 Schalotten, 4 Knoblauchzehen, 1 El gehackte Petersilie
Dazu empfohlener Wein: Pinot noir, ein Bordeaux

Das Fleisch in Stücke von etwa 70 g schneiden. Zwiebel, Karotte, Knoblauchzehen und Schalotten schälen und in Stücke schneiden. Aus den Gemüsen, dem Sylvaner und dem Rotwein, Knoblauch, Schalotten, Thymian und dem Lorbeerblatt eine Marinade bereiten, salzen und pfeffern. Das Fleisch hineingeben und eine Nacht lang marinieren.
Die Rehstücke abtropfen lassen, Marinade aufbewahren.
Die Fleischstücke in Öl ungefähr 10 Minuten in einem Schmortopf anbraten. Mit Mehl bestreuen, gut verrühren und 5 Minuten in den auf 200° vorgeheißten Ofen stellen, bis das Mehl braun geworden ist. Aus dem Ofen nehmen, die gehackten und geschälten Schalotten und Knoblauchzehen hinzufügen. Gut verrühren, Thymian und das Lorbeerblatt zugeben. Marinade und Kalbsfond darüberschütten. Salzen, pfeffern, zudecken und bei schwacher Hitze ungefähr 1½ Stunden kochen.
In der Zwischenzeit den Speck in Stäbchen schneiden. 5 Minuten in kochendem Wasser blanchieren und erkalten lassen.
Die Champignons in Butter dünsten.
Das fertige Fleisch in einer tiefen, vorgewärmten Platte anrichten. Die Sauce durch ein Sieb streichen, frische Butter einrühren, abschmecken und über das Fleisch gießen.

Mit den Speckstäbchen und Champignons garnieren, gehackte Petersilie darüberstreuen.

Rehrücken Saint-Hubert

Marinieren: 12 Stunden
Vorbereitungszeit: 30 Minuten
Bratzeit: 1 Stunde

1 Rehrücken für 6 Personen
Für die Marinade: 2 dl Sylvaner, 1 El Öl, Saft einer halben Zitrone, 1 Thymianstückchen, ½ Lorbeerblatt, 6 Wacholderbeeren, 100 g fetter Speck,
Für die Zubereitung:
2 dl Sylvaner, 5 cl Cognac, 2 dl Wildfond (siehe S. 94) oder Kalbsfond (siehe S. 93), 1 dl Crème fraîche, 150 g Butter, 1 El Öl, Salz und Pfeffer
Dazu empfohlener Wein: Pinot noir, roter Burgunder oder Bordeaux

Den Rehrücken putzen und mit Speckstückchen spicken.
Aus den angegebenen Zutaten eine Marinade herstellen; das Gemüse schälen und schneiden, das Fleisch eine Nacht darin marinieren.
Den Rücken aus der Marinade nehmen, mit einem Tuch abtrocknen. Mit Öl und wenig Butter im Ofen bei 200° ungefähr 20 Minuten braten. Dann 15 bis 20 Minuten warm stellen und ruhen lassen.
Das Fett aus dem Bräter abschütten, mit Cognac, Sylvaner, Crème fraîche, der Marinade und Wildfond ablöschen, einkochen lassen. Mit Sahne und Butter die Sauce verfeinern.
Den Rücken zerschneiden und auf einer vorgewärmten Platte anrichten. Mit wenig Sauce übergießen, den Rest der Sauce separat servieren.
Beilagen: In Butter geschmorte, mit Kräutern bestreute Pfifferlinge, Preiselbeerkonfitüre, Spätzle (siehe S. 195), Maronen- oder Selleriepüree (siehe S. 187).

Hasenpfeffer nach elsässischer Art

Marinieren: 12 Stunden
Vorbereitungszeit: 1 Stunde
Kochzeit: 1 Stunde 45 Minuten

1 Hase, 200 g Butter, 50 g Mehl, 200 g geräucherter, magerer Speck, 1 dl Kalbsfond (siehe S. 93), *3 Thymianstengel, ½ Lorbeerblatt*
Für die Marinade: 2 Zwiebeln, 2 Karotten, 5 Knoblauchzehen, 8 Schalotten, 2 Thymianstengel, ½ Lorbeerblatt, 1 l guter Rotwein, Salz und Pfeffer
Dazu empfohlener Wein: Pinot noir

Dem Hasen die Haut abziehen und ausnehmen. Das Blut, die Lunge und die Leber, von der die Galle sehr vorsichtig entfernt werden muß, aufbewahren.
Den Hasen in Stücke schneiden. Mit Salz und Pfeffer würzen und eine Nacht in die aus den angegebenen Zutaten bereitete Marinade legen. (Das Gemüse für die Marinade wird geschält und in Stücke geschnitten.)
Den Speck in kleine Würfel schneiden, 5 Minuten in kochendem Wasser blanchieren, dann in einem Schmortopf mit wenig Butter goldgelb braten. Abtropfen lassen und beiseite stellen. Die Hasenstücke in dem gleichen Fett goldgelb braten. Das Gemüse der Marinade hinzufügen und gute 10 Minuten schmoren.
Mit Mehl bestreuen und das Mehl ungefähr 10 Minuten im Ofen bräunen. Den Topf aus dem Ofen nehmen, die Marinade dazuschütten und – fals nötig – den Kalbsfond zugeben. Thymian und Lorbeer hinzufügen und im Ofen bedeckt ungefähr 1 bis 1¼ Stunden kochen. Die Hasenstücke aus dem Topf nehmen, in eine Kasserolle geben und warmstellen.
Die Sauce mit der gehackten Leber, dem Blut und dem Rest der Butter binden. Diese Sauce erwärmen und abschmecken.
Die Hasenstücke in einer tiefen Platte anrichten. Den Speck daraufgeben und die Sauce durch ein Haarsieb darüberpassieren. Sehr heiß servieren. Als Beilage eignen sich elsässische Nudeln (siehe S. 194)

Frischlingskoteletts

Vorbereitungszeit: 30 Minuten
Kochzeit: 20 Minuten

6 Frischlingskoteletts, 150 g Butter, 1 Schweinenetz, Salz und Pfeffer, 2 dl Pfeffersauce (siehe S. 98), 1 Schale süßsaure Pflaumen (siehe S. 115)
Für die Füllung: 100 g Schweinenacken, 100 g Gänseleber, 100 g Steinpilze oder ähnliche Pilze, 1 Ei, 8 g Gewürzsalz (siehe S. 102), 1 Tl Cognac, 50 g Butter, 1 Schalotte
Dazu empfohlener Wein: Pinot noir, Riesling

Die Füllung: Die Pilze mit der gehackten Schalotte 5 Minuten in Butter schmoren.
Schweinefleisch, Gänseleber und Pilze im Mixer fein hacken.
Gewürzsalz, Cognac und Eier zugeben, gut verrühren.
Die Koteletts salzen und pfeffern. In einer Schmorpfanne von beiden Seiten in sehr heißem Fett »englisch« braten.
Auf eine Platte legen. Die Farce über die Koteletts verteilen, mit einem Schweinenetz umhüllen.
In einen Bräter geben und ein Stückchen Butter darauflegen.
Ungefähr 15 Minuten bei mittlerer Hitze schmoren lassen.
Die Koteletts auf einer vorgewärmten Platte anrichten.
Pflaumen und Pfeffersauce separat dazu servieren.
Als Beilagen eignen sich Kartoffeln Suzette (siehe S. 193) oder Schaumkartoffelpüree.

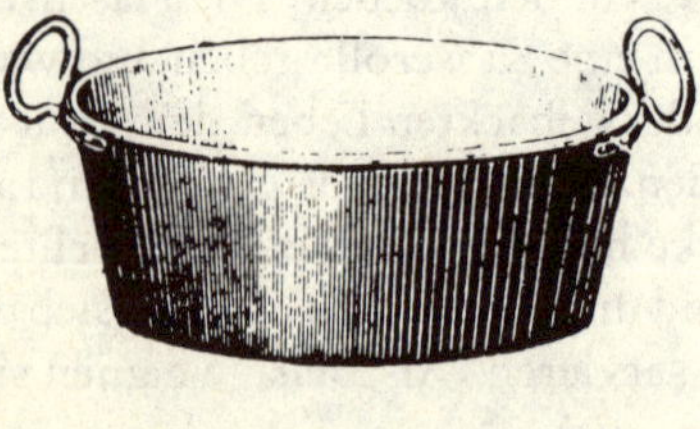

Hasenrücken in Rahmsauce

Vorbereitungszeit: 30 Minuten
Bratzeit: 30 Minuten

Je nach Größe 2 bis 3 Hasenrücken
Für die Marinade: 1 EL Öl, 1 dl Sylvaner, Saft einer halben Zitrone, 2 Thymianstengel, ½ Lorbeerblatt
Für die Zubereitung: 2 dl Sahne, 1 dl Sylvaner, 1 EL Öl, 100 g Butter, Saft einer halben Zitrone, Salz und Pfeffer
Dazu empfohlener Wein: Sylvaner, Riesling

Die Rücken putzen. Eine Nacht in Öl, Sylvaner, Zitronensaft, Thymian und Lorbeer marinieren. Aus der Marinade nehmen und mit einem Küchentuch abtrocknen, salzen und pfeffern. In einer Schmorpfanne 15 Minuten bei 200° mit wenig Öl im Ofen schmoren. Häufig überschöpfen. Aus der Pfanne nehmen und während der Zubereitung der Soße warm stellen.
Das Fett abschütten, die Pfanne mit Sylvaner ablöschen, einkochen lassen. Die Sahne hinzufügen und erneut einkochen lassen. Zum Schluß den Rest der Butter nach und nach einrühren. Abschmecken. Den Zitronensaft zugeben.
Die Hasenrücken auf einer vorgewärmten Platte anrichten und mit der Sauce übergießen. Als Beilage Nudeln (siehe S. 194) oder Selleriepüree (siehe S. 187) servieren.
Eine Variante der Saucenzubereitung: Sie können die Sauce ganz am Schluß noch mit einem Eßlöffel Senf abrunden.

Rebhuhn mit Weintrauben

Vorbereitungszeit: 30 Minuten
Bratzeit: 35 Minuten

6 Rebhühner, 1 große Weintraube (Muskat oder Chasselas), 2 Geflügellebern (z. B. Huhn), 100 g Gänseleber, 100 g Butter, 2 dl Geflügel- (siehe S. 93) oder Kalbsfond (siehe S. 93), Salz und Pfeffer, 1 Speckschnitte, 6 Weinblätter, 6 in Butter geröstete Brotscheiben, 2 cl Cognac
Dazu empfohlener Wein: Riesling, Sylvaner

Die Rebhühner rupfen, absengen und ausnehmen, innen salzen und pfeffern. Auf die Mägen ein gut gewaschenes Weinblatt geben. Zusammenbinden und mit Speckstreifen umwickeln. Die Rebhühner mit Butter in eine Schmorpfanne geben und im Ofen bei 200° von allen Seiten ungefähr 20 Minuten braten lassen. Häufig überschöpfen. Die fertigen Rebhühner aus der Pfanne nehmen und warmstellen.
Den Bratensatz zum Rösten der Brotscheiben aufbewahren.
Die Pfanne mit dem Fond ablöschen, einkochen lassen. Abschmecken. In der Zwischenzeit die Weintrauben zubereiten: Haut und Kerne sehr vorsichtig entfernen, ohne die Früchte dabei zu sehr zu beschädigen. In Butter erhitzen. 6 Beeren werden pro Rebhuhn benötigt.
Die Brotscheiben schneiden (Krusten entfernen) und in dem dafür vorgesehenen Fett rösten.
Die Füllung für die gerösteten Brotscheiben:
Die Geflügelleber in Butter schmoren, sie sollte rosig bleiben. Salzen und pfeffern. Mit Cognac flambieren. Durch ein Sieb passieren, mit der Gänseleber mischen. Abschmecken und die gerösteten Brotscheiben damit bestreichen.
Ein Stück Butter in eine Auflaufform geben und 5 Minuten im Ofen erhitzen. Die Rebhühner hineingeben, Weintrauben rundherum anrichten und die Form noch einmal in den Ofen stellen, um das Gericht sehr heiß zu servieren.
Den Bratensud extra dazu reichen.

Dazu passen Bauern- (siehe S. 192) oder Strohkartoffeln und Feldsalat.
Ein ausgezeichnetes Herbstrezept für die Zeit der Weinlese. Ursprünglich kreiert in der Weingegend, hat es sich im 18. Jahrhundert auch im Flachland ausgebreitet. Es ist als großes Gericht der elsässischen Kochtradition sehr beliebt.

Fasan nach elsässischer Art

Vorbereitungszeit: 20 Minuten
Bratzeit: 30 Minuten

2 junge Fasane, Salz und Pfeffer, 1 Speckschnitte, 200 g Butter, 2 dl Kalbsfond (siehe S. 93) oder Fleischbrühe, 1 kg Sauerkraut, 300 g geräucherter oder mild gesalzener Speck, 400 g Bauernwürste, ½ Lorbeerblatt, 3 Thymianstengel, Salz und Pfeffer, 2 dl Weißwein (Sylvaner oder Riesling), 2 dl Wasser, 1 EL Gänse- oder Schweinefett
Dazu empfohlener Wein: Pinot noir, Riesling

Mit Sauerkraut und Speck Sauerkraut nach elsässischer Art (siehe S. 153) zubereiten.
Die Fasane rupfen, absengen und ausnehmen. Innen salzen und pfeffern. Mit jeweils 50 g frischer Butter füllen. Zusammenbinden und mit Speck umwickeln, außen salzen und pfeffern.
Die Fasane mit dem Rest der ausgelassenen Butter in einen emaillierten, gußeisernen Schmortopf legen und im Ofen bei 180° 30 Minuten braten. Häufig überschöpfen.
Die fertig gebratenen Fasane aus dem Topf nehmen. Das Fett abschütten und den Schmortopf mit dem Kalbsfond oder der Fleischbrühe ablöschen und die Bratensauce fertigstellen.
Die Würste in Gänse- oder Schweineschmalz anbraten.
Das Sauerkraut auf eine Platte geben. Speck, Würste und zum Schluß die tranchierten Fasane darauflegen. Die Sauce separat dazu servieren.

Fasan mit Gänseleber und Trüffel

Vorbereitungszeit: 45 Minuten
Schmorzeit: 55 Minuten

2 Fasane, 400 g frische Gänseleber, 180 g Trüffel, 3 dl Gewürztraminer, Salz und Pfeffer, 5 dl Wildfond (siehe S. 94) oder Kalbsfond (siehe S. 93), 1 dl Cognac, 100 g Butter, 1 Speckschnitte, 100 g Teig aus Mehl und Wasser (um den Topfdeckel luftdicht zu verschließen)
Dazu empfohlener Wein: Riesling, Traminer

Die Fasane rupfen, absengen und ausnehmen.
Gänseleber und Trüffel in große Stücke schneiden. 10 Minuten in Cognac marinieren. Die Fasane salzen und pfeffern und mit der marinierten Gänseleber-Mischung füllen.
Zusammenbinden und mit Speck umwickeln.
Ungefähr 30 Minuten im Ofen bei 200° in Butter braten. Aus dem Ofen nehmen, die Fäden lösen und in eine Terrine geben und zudecken.
Die Bratpfanne mit Wein ablöschen. Einkochen lassen. Den Fond hinzufügen und noch einmal einkochen lassen. Abschmecken und durch ein Haarsieb über die Fasane passieren.
Die Terrine zudecken und den Deckel mit der Teigmasse luftdicht verschließen. Bei 180° etwa 20 Minuten schmoren lassen.
In der Terrine servieren und den Deckel erst am Tisch öffnen.
Der Bratenduft ist der beste Appetitanreger.
Ein sehr nahrhaftes, aber superbes Essen. Eine Blume der elsässischen Kochkunst.

Fasan in Rahmsauce mit Champignons

Vorbereitungszeit:
1 Stunde 30 Minuten
Bratzeit: 1 Stunde

2 junge Fasane, 700 g Champignons (Pfifferlinge, Totentrompeten oder Grünlinge), 2 dl Riesling, 2 dl Kalbsfond, 1 dl Sahne, 200 g Butter, 1 El Öl, 1 Speckschnitte, Salz und Pfeffer, 1 El gehackter Kerbel
Dazu empfohlener Wein: Pinot noir, Riesling

Die Champignons mehrere Male putzen und waschen. In einer Schmorpfanne in Butter anbraten.
Kaufen Sie junge, noch nicht abgelagerte Fasane. Die Fasane rupfen, absengen und ausnehmen. Zusammenbinden und mit Speckstreifen umwickeln.
Salzen, pfeffern und in einem Schmortopf oder Bräter in der Öl-Butter-Mischung im Ofen schmoren. Während der 35 bis 40 Minuten dauernden Garzeit häufig mit dem Bratensud übergießen.
Die Fasane aus dem Topf nehmen, warm stellen. Das Fett abschütten. Den Schmortopf mit Riesling ablöschen. Einkochen lassen. Kalbsfond oder Fleischbrühe zugießen. Erneut einkochen lassen. Die Sahne hinzufügen und zum Kochen bringen. Die Sauce durch ein Haarsieb passieren, dann mit 100 g Butter binden.
Die Fasane tranchieren. Auf einer Platte anrichten. Die Champignons rundherum verteilen, ein wenig Sauce darübergeben und mit dem gehackten Kerbel bestreuen. Den Rest der Sauce separat dazuservieren.

Fasanbrüstchen in Rahmsauce

Einlegen: 6 Stunden
Vorbereitungszeit: 40 Minuten
Bratzeit: 45 Minuten

3 junge Fasane, 300 g frische Semmeln, 200 g Butter, 3 Eier, ½ l Sahne, Salz und Pfeffer
Für die Rahmsoße: die Fasanrümpfe, 2 El Öl, 1 Zwiebel, 1 Karotte, 2 dl Sylvaner, 2 dl Kalbsfond (siehe S. 93) oder Fleischbrühe, 2 dl Crème fraîche, 150 g Butter, Salz und Pfeffer
Dazu empfohlener Wein: Sylvaner, Riesling

Die Fasane rupfen, absengen und ausnehmen. Die Brust auslösen und die Haut abziehen. Salzen und pfeffern, in frische Sahne 3 bis 6 Stunden einlegen. Aus der Sahne nehmen und mit den geschlagenen Eiern und den Semmeln panieren. Ungefähr 5 Minuten von beiden Seiten bei schwacher Hitze anbraten. Auf einer vorgewärmten Platte anrichten, dazu Zwiebelpüree und in Butter und Kräutern geschmorte Eierschwämmchen oder andere Pilze reichen.
Die Sauce: Die Fasanrümpfe zerkleinern; mit wenig Öl sowie der geschälten, gewaschenen und in kleine Würfel geschnittenen Zwiebel und Karotte schmoren lassen. Das Ganze bei geringer Hitze goldgelb braten, das Fett abschütten und mit dem Sylvaner löschen.
Den Fond oder die Fleischbrühe hinzufügen, salzen und pfeffern, 30 bis 40 Minuten kochen lassen.
Den Fond durch ein Haarsieb passieren. Einkochen lassen, Crème fraîche hinzufügen und erneut einkochen lassen. Zum Schluß die Butter einrühren. Abschmecken.

GEMÜSE UND TEIGWAREN

Elsässischer Spargel mit drei Saucen · Spargel in Blätterteig mit Riesling und Kräutern · Selleriepüree · Maronenpüree · Rotkohl mit Maronen · Lauchauflauf · Kartoffelküchlein · Überbackene Kartoffeln »Fernand Point« · Ofenkartoffeln · Gefüllte Kartoffeln · Bauernkartoffeln · Kartoffeln · Nudeln nach elsässischer Art · Spätzle oder Wasserstriwle

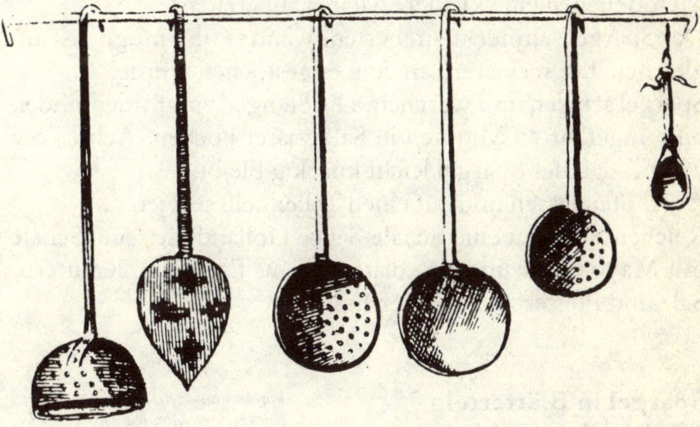

Elsässischer Spargel mit drei Saucen

Vorbereitungszeit: 45 Minuten
Kochzeit: 20 Minuten

6 kg Spargel, 3 l Wasser, 3 El grobkörniges Salz, 4 El Öl, 2 El Weinessig, 1 El Petersilie, Kerbel und gehackter Schnittlauch, Salz und Pfeffer, 300 g Sauce Hollandaise (siehe S. 97), 3 dl Mayonnaise (siehe S. 98)

Der elsässische Spargel ist berühmt für seinen Geschmack. Er wird in den sandigen Gebieten von Hoerdt und Lampertheim im Unterelsaß sowie in Horbourg, Andolsheim und Village-Neuf im Oberelsaß angebaut.
Im Elsaß ist der Spargel sehr beliebt. Im Frühjahr wird 1 kg pro Person und pro Mahlzeit gegessen. Natürlich können Sie nach Belieben eine kleinere Menge zubereiten.
Der Spargel schmeckt am besten, wenn sie ihn möglichst am gleichen Tag servieren, an dem er gestochen wurde.
Spargel schälen und waschen. Die Stangen zusammenbinden und ungefähr 20 Minuten in Salzwasser kochen. Achten Sie darauf, daß der Spargel leicht knackig bleibt.
Abtropfen lassen und auf einen Teller heiß servieren.
Reichen Sie dazu eine Schale Sauce Hollandaise, eine Schale mit Mayonnaise und eine dritte mit aus Essig, Öl, Kräutern, Salz und Pfeffer zubereiteter Essigsoße.

Spargel in Blätterteig mit Riesling und Kräutern

Vorbereitungszeit: 45 Minuten
Kochzeit: 30 Minuten

3 kg Spargel, 3 l Wasser, 2 Handvoll grobkörniges Salz, 500 g Blätterteig (siehe S. 199), 2 dl Riesling, 2 dl Sahne, 150 g Butter, 1 El Estragon, 1 El gehackter Schnittlauch, Salz und Pfeffer

Den Teig ungefähr 1 cm dick ausrollen und in 6 Rechtecke schneiden.

Die Rechtecke mit Eigelb bestreichen, auf ein mit Mehl bestreutes Backblech legen. Ungefähr 5 Minuten bei 180° backen. Die Pasteten nach dem Backen der Länge nach in zwei Teile schneiden. Warm stellen.
Den Spargel schälen und waschen. Die Spargelstangen in 6 Bündeln fest zusammenschnüren und in Salzwasser 20 Minuten kochen, nur so lange, daß der Spargel noch leicht knackig bleibt. Den Riesling in einer Schmorpfanne einkochen lassen. Einen Schöpflöffel Spargelsud hinzufügen; noch einmal zu zwei Drittel einkochen. Die Sahne zugeben und kurz aufkochen. Die Butter einrühren, salzen, pfeffern, und die Kräuter hinzufügen.
Sechs Teller vorwärmen. Auf jeden ein Blätterteigstück und darauf ein Spargelbündel legen. Spargel mit der Sauce übergießen und mit einem Blätterteigstück bedecken. Sehr heiß servieren.

Selleriepüree

Vorbereitungszeit: 15 Minuten
Kochzeit: 30 Minuten

2 Sellerieknollen, 200 g Kartoffeln, 100 g Butter, 2 dl Sahne, Salz und Pfeffer, 1 Prise Muskat, 1 Handvoll grobkörniges Salz

Sellerieknollen und Kartoffeln schälen und in kleine Stücke schneiden. 30 Minuten in kochendem Salzwasser garen. Abtropfen lassen und ungefähr 3 bis 4 Minuten auf einem Backblech im mäßigwarmen Ofen (150°) trocknen.
Durch ein feines Sieb passieren.
Die Butter in das Püree kneten, dann die Sahne hinzufügen.
Abschmecken.
Heiß auf einer vorgewärmten Platte servieren.
Das Selleriepüree ist eine ausgezeichnete Beilage zu Fleischgerichten.

Maronenpüree

Vorbereitungszeit: 1 Stunde
Kochzeit: 30 Minuten

2 kg Maronen, ½ Sellerieknolle, 200 g Butter, ½ l Milch, 2 dl Crème fraîche, Salz, 2 l Wasser oder besser Gemüse-Fleischtopf-Brühe (vorbereitet)

Die Maronen schälen: rundherum einschneiden und die Haut von der einen zur anderen Seite abziehen.
Mit der geschälten, in Stücke geschnittenen Sellerieknolle in einen Schmortopf geben. Bis oben hin mit der Brühe oder mit Salzwasser füllen. Zudecken und 30 Minuten leicht kochen.
Die fertigen Maronen abtropfen lassen und durch ein Sieb passieren. Die Butter unter das Püree mischen, dann Crème fraîche hinzufügen. Mit der Milch je nach Geschmack verdünnen. Heiß servieren.
Eine ausgezeichnete Beilage zu Fleisch- und Wildgerichten.

Rotkohl mit Maronen

Vorbereitungszeit: 45 Minuten
Kochzeit: 1 Stunde 30 Minuten

1 Rotkohl, 1 kg Maronen, 4 Äpfel, Saft einer halben Zitrone, 2 Zwiebeln, 3 El Gänsefett, 1 Gewürznelke, ½ Lorbeerblatt, Salz und Pfeffer, 2 dl Sylvaner, 2 dl Wasser

Den Rotkohl schälen und waschen, in feine Streifen schneiden. Die Maronen schälen: rundherum einschneiden und die beiden Schalenhälften mit der Messerspitze abziehen. 3 Minuten in kochendem Wasser pochieren, um auch die innere Haut abziehen zu können.
Die in Scheiben geschnittenen Zwiebeln in einem gußeisernen Schmortopf im Gänsefett anbraten. Nach 5 Minuten den Rotkohl hinzufügen. Mit Sylvaner und Wasser auffüllen. Ge-

würznelke und Lorbeerblatt hinzufügen, salzen, pfeffern und zum Schluß den Saft der Zitrone zugeben. Bedeckt 30 Minuten leicht kochen lassen.
Die geschälten Maronen hinzufügen. Wieder zudecken und weitere 45 Minuten kochen. Die geschälten, entkernten und geviertelten Äpfel zugeben und noch einmal 15 Minuten kochen.
Heiß servieren.
Eine ausgezeichnete Beilage zu allen Fleisch- und Wildgerichten.

Lauchauflauf

Vorbereitungszeit: 15 Minuten
Backzeit: 50 Minuten

10 große Lauchstangen, 1 dl Sahne, 1 dl Milch, 100 g Butter, Salz und Pfeffer, 1 Prise Muskat, 200 g Sauce Hollandaise (siehe S. 97)

Lauch putzen und in Scheiben schneiden. Ungefähr 15 bis 20 Minuten in Salzwasser kochen. Er sollte leicht knackig bleiben. Erkalten lassen und abtropfen.
Den Lauch in einer Pfanne in Butter schmoren. Milch und Sahne zugießen. Salzen, pfeffern, Muskat hinzufügen. Bei geringer Hitze ungefähr 10 Minuten dünsten.
Den Lauch in eine gebutterte Auflaufform geben. Ein wenig Sauce Hollandaise darübergeben. Im auf 200° vorgewärmten Ofen 30 Minuten überbacken. Sehr heiß servieren.
Eine ausgezeichnete Beilage für Fleisch-, Wild- und Geflügelgerichte.

Kartoffelküchlein

Vorbereitungszeit: 20 Minuten
Bratzeit: 15 Minuten

1 kg Kartoffeln, 2 Zwiebeln, 4 Eier, 1 El Öl, 1 El Petersilie und Schnittlauch, Salz und Pfeffer, 1 Prise Muskat

Die Kartoffeln schälen und mittelfein reiben. In einem Sieb kurz abtropfen lassen.
Die geriebenen Kartoffeln in eine Schüssel geben. Eier, Salz, Pfeffer, gehackte Zwiebel, Schnittlauch und Petersilie sowie eine Prise Muskat hinzufügen. Alles zusammen gut verrühren. Öl in einer Pfanne erhitzen. Aus dem Kartoffelteig mit Hilfe eines Löffels Küchlein formen. Von beiden Seiten rösten. Auf einem vorgewärmten Teller mit grünem Salat servieren.

Überbackene Kartoffeln »Fernand Point«

Vorbereitungszeit: 15 Minuten
Backzeit: 1 Stunde

500 g Kartoffeln, 80 g Butter, Salz und Pfeffer, 1 Prise Muskat, 1 Knoblauchzehe, 2 dl Sahne, 2 dl Milch, 1 Ei

Sie benötigen eine gußeiserne, emaillierte Auflaufform oder eine Form aus feuerfestem Porzellan.
Mit dem Ei, der Milch und der Sahne eine englische Crème bereiten, d. h., das Ei in ein Gefäß schlagen, mit dem Schneebesen schaumig rühren, Milch und Sahne daruntermischen.
Die Auflaufform mit der geschälten Knoblauchzehe einreiben und dick einfetten.
Die Kartoffeln schälen, waschen, abtrocknen und in sehr dünne Scheiben schneiden. Salzen, pfeffern und eine Prise Muskat hinzufügen. In die gebutterte Form zu einer ungefähr 1 cm dicken Schicht auslegen. Die englische Crème darübergießen, so daß sie die Kartoffeln gerade bedeckt. Darüber den Rest der Butter verteilen.

1 Stunde im Ofen bei 180° backen. Das Gericht sollte eine schöne goldgelbe Farbe bekommen. Heiß servieren.
Dies ist natürlich kein rein elsässisches Rezept. Ich habe es trotzdem zu Ehren des großen Küchenmeisters Fernand Point abgedruckt, dessen Schüler ich gewesen bin.

Ofenkartoffeln

Vorbereitungszeit: 5 Minuten
Backzeit: 40 Minuten

12 große, möglichst längliche Kartoffeln

Die Kartoffeln waschen, nicht schälen. Auf einem Backblech bei 200° 40 Minuten backen.
Aus dem Ofen nehmen. Mit einem Tuch halten und von jeder Kartoffel einen Deckel abschneiden. Servieren.
Die Gäste können das Innere mit einem kleinen Löffel ausessen.

Gefüllte Kartoffeln

Vorbereitungszeit: 10 Minuten
Backzeit: 45 Minuten

12 Kartoffeln, 150 g Butter, 1 dl Crème fraîche, 1 El Petersilie, Kerbel und Schnittlauch, Salz und Pfeffer

Die Kartoffeln backen.
Kurz bevor sie gar sind, aus dem Ofen nehmen, von jeder Kartoffel einen Deckel abschneiden und mit einem Löffel sehr vorsichtig ein Loch von der Größe eines Eigelbs aushöhlen.
Ein Butterflöckchen, vermischt mit Kräutern, Salz und Pfeffer in die Öffnung füllen. Mit dem Deckel zudecken und 3 bis 5 Minuten in den Ofen geben.
Sehr heiß servieren.

Eine einfache und ausgezeichnete Beilage. Die Kartoffeln sind weich von dem beim Backen durchgezogenen Rahm und der Butter.
Ein ursprünglich bäuerliches Gericht aus den Bergtälern. Es ist als winterliches Abendessen sehr beliebt.
In einigen Marktflecken werden die gefüllten Kartoffeln traditionell am Heiligen Abend vor der Christmette gegessen. Dazu werden in Butter geschmorte Würstchen (2 Stück pro Person) serviert.

Bauernkartoffeln

Vorbereitungszeit: 10 Minuten
Backzeit: 20 Minuten

500 g Kartoffeln, 150 g Butter, Salz und Pfeffer

Sie benötigen zwei Auflaufformen.
Die Formen aus feuerfestem Porzellan oder emailliertem Gußeisen dick einfetten.
Die Kartoffeln schälen und waschen, in dünne Scheiben schneiden, salzen, pfeffern und gut verrühren.
Auf die zwei Formen verteilen. Den Rest der Butter darübergeben und in den auf 200° vorgeheizten Ofen schieben. Ungefähr 15 bis 20 Minuten backen. Die Kartoffelschicht von Zeit zu Zeit mit einem Schaumlöffel flachdrücken.
Heiß servieren.
Eine Beilage zu allen Fleisch-, Geflügel- und Wildgerichten.

Kartoffeln Suzette

Vorbereitungszeit: 15 Minuten
Backzeit: 40 Minuten

6 Kartoffeln, möglichst länglich, 150 g Butter, 50 g Paniermehl, 100 g gekochter Schinken, 1 El gehackte Petersilie und Schnittlauch, Salz und Pfeffer, 1 Prise Muskat

Die Kartoffeln nicht schälen, nur sorgfältig waschen.
Im Ofen (200°) auf einem trockenen Backblech 20 Minuten backen.
Die Kartoffeln aus dem Ofen nehmen und abkühlen lassen.
Der Länge nach in zwei Hälften schneiden, mit einem kleinen Löffel aushöhlen ohne dabei die Haut zu beschädigen.
Das Innere der Kartoffel durch ein Sieb oder eine Püreepresse streichen. Die Butter hineinkneten. Den gewürfelten Schinken und die Kräuter daruntermischen. Mit Salz, Pfeffer und Muskat würzen.
Die halbierten, ausgehöhlten Kartoffeln mit dieser Mischung füllen. Mit Paniermehl bestreuen. Mit dem Rest der ausgelassenen Butter übergießen und im auf 200° vorgeheizten Ofen 20 Minuten goldgelb überbacken.
Die Kartoffeln heiß auf den Tisch bringen.
Eine ausgezeichnete Beilage zu Fleisch- und Wildgerichten.

Nudeln nach elsässischer Art

Ruhezeit: 80 Minuten
Vorbereitungszeit: 20 Minuten
Kochzeit: 8 Minuten

500 g Mehl, 10 g Salz, 8 Eier, 1 Tl Weinessig

Die Eier in ein großes Gefäß schlagen. Salz und Essig hinzufügen und nach und nach das Mehl einrühren. Den Teig gut durchkneten, dann in ein Küchentuch wickeln und 1 Stunde ruhen lassen.
Den Teig nach der Ruhezeit in enteneiergroße Stücke aufteilen und jedes Stück auf einer mit Mehl bestreuten Arbeitsplatte ungefähr 2 mm dick ausrollen.
Diese Teigblätter über einer Wäscheleine unter häufigem Wenden an der Luft trocknen. Leicht mit Mehl bestreuen, aufrollen und in 2 mm breite Streifen schneiden. Die Nudeln auf einem Brett in dünnen Schichten auslegen. Eine Handvoll zum Braten zurücklegen. In einer Kasserolle 2 Liter Salzwasser zum Kochen bringen, die Nudeln hineingeben und 8 Minuten auf dem Rand der Feuerstelle sieden. Gut abtropfen lassen und auf einer vorgewärmten Platte anrichten. Mit zerlassener Butter übergießen. Umrühren. Mit den zurückgelegten, in Butter goldgelb gebratenen Nudeln garnieren.
Im Elsaß gehören frisch zubereitete Nudeln zur Tradition. Überall werden sie noch selbst hergestellt.

Spätzle oder Wasserstriwle

Ruhezeit: 1 Stunde
Vorbereitungszeit: 75 Minuten
Kochzeit: 15 Minuten

250 g Mehl, 1 El Grieß, 4 Eier, ½ Tasse Wasser, Salz, 1 Prise Muskat, 5 l Salzwasser, 1 El Öl

Die Eier in ein großes Gefäß geben. Mit dem Schneebesen gut durchschlagen. Salz, Muskat, Grieß und Wasser hinzufügen. Nach und nach das Mehl einrühren und so lange bearbeiten, bis ein weicher Teig entstanden ist. Mindestens eine Stunde ruhen lassen. Das Salzwasser in einem großen Topf zum Kochen bringen. Öl zugeben. Ein Spätzlesieb (Sie können auch jedes andere Sieb mit großen Löchern benutzen) über den Topf halten und den Teig langsam, nur wenig drükkend in das kochende Wasser passieren.
Sobald die Spätzle an die Oberfläche steigen, sind sie gar. Aus dem Topf nehmen und in einem Gefäß mit kaltem Wasser abschrecken. In einem Sieb abtropfen lassen.
Vor dem Servieren mit Butter in einer Pfanne schmoren.
Besonders beliebt sind Spätzle als Beilage zu Fleisch- und Wildgerichten.

TEIG-GRUNDREZEPTE

Bauernbrotteig · Mürbeteig · Blätterteig · Hefeteig · Brioche-Teig · Süßer Teig · Milchbrötchen (»Milchwecka«)

Bauernbrotteig

Ruhezeit: 5 Stunden
Vorbereitungszeit: 15 Minuten
Backzeit: 40 Minuten

750 g Mehl, 50 g Sauerteig (vom Bäcker), ½ l Wasser, 15 g feines Salz

Das Mehl in ein Gefäß geben. Eine Vertiefung eindrücken. Lauwarmes Wasser und ein wenig Sauerteig hineingeben. Den Sauerteig einkneten und alles gut vermischen. Salz hinzufügen und den Teig weiterverarbeiten, indem Sie die Masse hochnehmen und mehrmals auf die Arbeitsplatte schlagen, bis ein gleichmäßiger Teig entstanden ist. Den Teig in einer mit einem Tuch bedeckten Schüssel an einem warmen Ort gehen lassen.
Die Masse dann einige Male zwischen den Händen drehen, bis sie die gewünschte Form hat. Auf ein gefettetes Backblech legen. Noch einmal gehen lassen, bis der Teig sein Volumen verdoppelt hat. Im sehr heißen Ofen (220° bis 250°) 40 Minuten backen.

Mürbeteig

Ruhezeit: 2 Stunden
Zubereitung: 20 Minuten

500 g Mehl, 250 g Butter, 10 g Salz, 10 bis 15 cl Wasser, 2 Eigelb

Eine Vertiefung in das Mehl drücken. Salz, Eigelb, Butter und Wasser hineingeben, gut mischen. Solange bearbeiten, bis sich Wasser und Eigelb mit der Butter vermischt haben.
Die Masse zu einer gleichmäßigen Teigkugel verarbeiten.
Den Teig mit einem Tuch bedecken und im kühlen Raum 2 Stunden ruhen lassen. Anschließend ist er fertig zum Gebrauch.

Blätterteig

Ruhezeit: 1 Stunde 45 Minuten
Zubereitung: 25 Minuten

500 g Mehl, 10 g Salz, 2,5 bis 3 dl Wasser, 450 bis 500 g Butter

Das Mehl mit Salz und dem Wasser, das nach und nach eingerührt werden muß, zu einem Teig verarbeiten. Den Teig zu einer Kugel formen und 20 Minuten ruhen lassen.
Die Teigmasse auf einer mit Mehl bestreuten Arbeitsfläche zu einem Viereck von 20 cm Länge ausrollen. Die Butter in die Mitte geben und die Teigränder über das Fett schlagen. So regelmäßig wie möglich zu einer 1 cm dicken Fläche ausrollen. Die Teigfläche in drei Teilen zusammenlegen.
Dies nennt man eine »Tour«.
Sofort die zweite »Tour« machen, indem Sie den Teig von der anderen Seite wieder ausrollen. 15 Minuten ruhen lassen und den gleichen Vorgang wiederholen.
Wieder ruhen lassen usw. Dieses »Blätterwerk« ist fertig zum Gebrauch, wenn es sechs »Touren« »durchgemacht« hat.

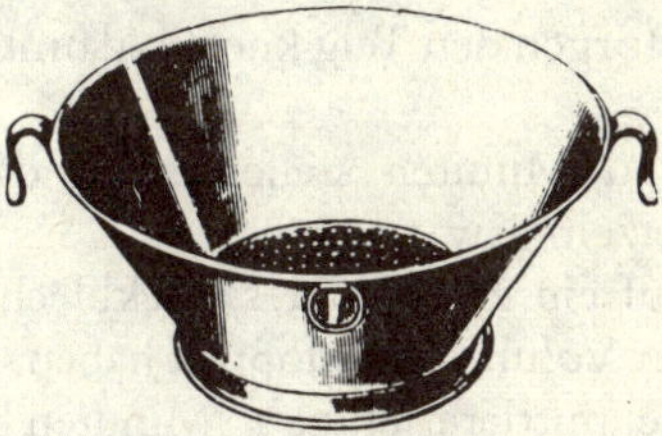

Hefeteig

Ruhezeit: 1 Nacht oder 8 Stunden
Vorbereitungszeit: 15 Minuten
Backzeit: 20 Minuten

Für Brötchen, Croissants, Schnecken, Bretzeln, Weihnachtsgebäck usw. (siehe S. 235)
Den Teig am Abend vorher zubereiten
Menge für 25 Teilchen zu 50 g:
750 g Mehl, 2 Gläser Milch, 2 Eier, 125 g Zucker, 125 g Butter, 30 g Hefe, 15 g feines Salz, 2 Eigelb zum Bestreichen

Die Hefe in einer kleinen Schüssel mit wenig Mehl und einem halben Glas lauwarmer Milch verrühren.
Das Mehl in eine Schüssel geben und eine Vertiefung eindrücken. Den Rest der Milch, Eier, Zucker und Salz hineingeben. So lange kneten, bis Zucker und Salz vollständig eingearbeitet sind. Die Hefe hinzufügen und weiterkneten. Hochheben und auf die Arbeitsplatte schlagen, bis der Teig Luftlöcher aufweist.
Die Butter kneten und in den Teig mischen. So lange weiterkneten, bis er sich von den Händen löst. Die Schüssel mit einem Handtuch bedecken und an einen kühlen Ort stellen. Über Nacht ruhen lassen.
Am nächsten Morgen den Teig kneten, damit er zusammenfällt.
Noch einmal 30 Minuten stehenlassen, dann Brötchen, Croissants, Bretzeln usw. formen.
Die Teilchen auf ein eingefettetes Backblech legen. Ruhen lassen, bis sie ihr Volumen verdoppelt haben. Mit Eigelb bestreichen und bei mittlerer Hitze 20 Minuten backen.

Brioche-Teig

Ruhezeit: 5 Stunden
Zubereitung: 20 Minuten

500 g Mehl, 250 g Butter, 20 g Backhefe, 10 g Salz, 60 g Zucker, 5 Eier, Milch

Das Mehl auf eine Arbeitsplatte geben. Eine Vertiefung eindrücken. Die Hefe hineingeben und mit etwas lauwarmer Milch verrühren. Die Flüssigkeit mit wenig Mehl zu einer kleinen, weichen Teigkugel verarbeiten.
Wieder eine Vertiefung in die Mitte drücken. Zucker, Salz, und Eier hineingeben. Zucker mit den Eiern verrühren, bis er sich auflöst, und mit dem Mehl verkneten.
Die Butter weichkneten und daruntermischen, alles zu einer festen Teigmasse verarbeiten.
An einem warmen Ort gehen lassen.
Dieser Teig muß mindestens 5 Stunden ruhen, bevor er verwendet werden kann.

Süßer Teig

Ruhezeit: 2 Stunden
Zubereitung: 15 Minuten

250 g Mehl, 125 g Butter, 100 g Zucker, 1 Ei, Salz, 1 El kaltes Wasser

Vorbereiten wie Mürbeteig.
Eine Vertiefung in das Mehl drücken. Salz, Ei, Zucker, Butter und den El Wasser hineingeben. Gut mischen.
Dann mit dem Mehl verarbeiten, bis sich der Teig leicht rollen läßt.
Die Teigkugel kühl stellen und unter einem Tuch 2 Stunden ruhen lassen.
Dann ist der Teig fertig zum Gebrauch.

Milchbrötchen (»Milchwecka«)

Vorbereitungszeit: 20 Minuten
Ruhezeit: 2 Stunden 30 Minuten
Backzeit: 20 bis 25 Minuten

Für ungefähr 25 Teilchen von je 50 g:
750 g Mehl, 125 g Butter, 30 g Zucker, 30 g Hefe, 20 g Salz, 2 dl Milch

Das Mehl auf eine Arbeitsfläche schütten und eine Vertiefung eindrücken.
Die Hefe hineingeben und mit wenig lauwarmer Milch verrühren. Die Flüssigkeit mit Mehl eindicken und zu einem weichen Teig kneten.
Milch, Salz und Zucker in die Vertiefung geben. Die weiche Butter hinzufügen. Weiter zu einem festen Teig verkneten.
Den Teig in die Form einer Baguette, d. h., zu einer langen Rolle formen und in etwa 50 g schwere Stücke schneiden.
Die Stücke mit der Hand zu Kugeln rollen.
2½ Stunden auf einem gebutterten Backblech ruhen und gehen lassen. Mit Eigelb bestreichen. Im heißen Ofen 20 bis 25 Minuten backen.
Sie können diesen Teig auch für größere Brote und Sandwiches verwenden.
In einigen elsässischen Gemeinden werden diese Milchbrote anläßlich der Feste am 14. Juli, 11. November und zum Nikolaustag am 6. Dezember in den Schulen verteilt.

DESSERTS

»Beerawecka« oder Birnenbrot · Ogei . Gugelhupf · Mandelkuchen I · Fastnachtskiechla · Karnevalskrapfen · Apfelbeignets · Brandteig-Küchlein · Grundrezept Crêpes · Überbackene Kirschcrêpes · Himbeercrêpes · Apfelcrêpes · Crêpesoufflé mit Kirschwasser · Gratinierte Himbeeren · Schaumomelette mit Kirschwasser · Mirabellenauflauf · Kirschauflauf · Obstsalat · Maronencharlotte Birnencharlotte · Warme Apfelcharlotte, flambiert mit Rum · Aprikosensüßspeise nach elsässischer Art · Sankt-Martins-Pudding · Grießpudding · Haselnußbiskuits · Schokoladenkuchen · Mandelkuchen II · Streuselkuchen · Rumsavarin · Käsekuchen · Linzer Torte · Heidelbeertorte I · Heidelbeertorte II · Birnenkuchen mit Apfelmarmelade · Apfelkuchen nach elsässischer Art · Warmer Apfelkuchen · Zwetschgenkuchen I · Zwetschgenkuchen II · Mirabellenkuchen · Traubenkuchen · Rhabarberkuchen · Makronen · Madeleines · Wolfszahn · Weihnachtsgebäck · Anis Bretla · Schenkelés · Vanilleeis · Kleine Windbeutel, gefüllt mit Vanilleeis · Erdbeer-Sorbet · Sorbet mit Gewürztraminer-Trester · Eisauflauf mit Kirschwasser · Eismeringe mit Erdbeeren · »Quittenschnitten«

Zu den Delikatessen der elsässischen Kochkunst gehören die Backwaren.
Sie brauchen nur die Auslagen der Bäckereien in Straßburg und Kolmar, aber auch in den Dörfern im Flachland und in den Bergen anzusehen, um sich davon zu überzeugen.
Um den wahrscheinlich ursprünglich österreichischen Gugelhupf, der im Elsaß zum Frühstück frisch gegessen wird, reihen sich die Torten »nach elsässischer Art«; vor allem Heidelbeer-, Apfel-, Pflaumen-, Aprikosen-, Zwetschgen- und Mirabellentorten, übergossen mit einer gezuckerten Sahne-Ei-Mischung. Es folgen die gefüllten Krapfen, die Schenkelés, all die vielen Backwaren auf der Basis des Mandelteigs.
Seit 1972 findet in Ribeauvillé jedes Jahr im Juni das Gugelhupffest statt. Dann wird dieser Kuchen überall gebacken und in unglaublichen Mengen um den Genuß und um die Wette gegessen.

»Beerawecka« oder Birnenbrot

Ruhezeit: 1 Stunde
Vorbereitungszeit: 40 Minuten
Backzeit: 40 Minuten

500 g Hefeteig (siehe S. 200), 300 g getrocknete Birnen, 200 g getrocknete Pflaumen, 150 g getrocknete Feigen, 100 Walnußkerne, 100 g Korinthen, 100 g geschälte Haselnüsse, 50 g eingemachtes Obst, 10 g Zimtpuder, 3 Gewürznelken, Schale einer halben Zitrone, 2 Eigelb, ¼ Birnenschnaps.

Die getrockneten Birnen in heißem Wasser 30 Minuten einweichen.
Pflaumen, Feigen und Birnen schneiden, Wal- und Haselnüsse grob hacken und in eine große Schüssel füllen. Die entstielten Weintrauben, die zerdrückten Gewürznelken, Zimt, Zitronenschale und das in kleine Stücke geschnittene eingemachte Obst und den Schnaps hinzufügen. Alles zu einer gleichmäßigen Masse verrühren.

Den Hefeteig hinzufügen und solange kneten, bis eine Teigmasse entstanden ist.
Den Teig teilen, mehrere kleine längliche Brote formen und auf das eingefettete Backblech legen. Mit dem Eigelb bestreichen und 1 Stunde an einem lauwarmen Ort ruhen lassen.
40 Minuten im auf 200° vorgeheizten Ofen backen.
Der »Beerawecka« ist unter anderem das »Neujahrs- oder Glückwunschbrot«.

Das Ogei (eine Spezialität aus Lapoutroie)

Einweichzeit: 1 Nacht
Vorbereitungszeit: 45 Minuten
Backzeit: 25 Minuten

200 g Backpflaumen, 200 g Feigen, 100 g Rosinen, 75 g Walnüsse, 5 cl Pflaumen- oder Zwetschgenschnaps, 50 g Zucker, 1 Tl Zimt, Aniskörner, 1 Eigelb, 500 g Mehl, 10 g Hefe, 2 dl Milch, 75 g Grieszucker, 2 Eigelb, 100 g Butter

Die Backpflaumen in kochendem Wasser eine Stunde ziehen lassen. Das gleiche Verfahren, allerdings nur 30 Minuten, mit den Feigen und Rosinen durchführen. Das Obst abtropfen lassen. Die Feigen in kleine Stückchen schneiden und in eine Schüssel geben. Die ebenfalls kleingeschnittenen Backpflaumen und Rosinen hinzufügen und das Obst gut vermischen. Die grobgehackten Walnußkerne zugeben und mit Schnaps übergießen. Anis, Zimt und Zucker darüberstreuen; gut vermischen und eine Nacht ziehen lassen.
Für die Teigzubereitung eine Vertiefung in das Mehl drükken. Hefe mit etwas Milch verrühren, Zucker und Eigelb zugeben. Den Teig verarbeiten. Zum Schluß die aufgeweichte Butter hinzufügen. Weitere 10 Minuten kneten, dann gehen lassen.
Danach den Teig noch einmal gut durchkneten. Die Hälfte zu einem Rechteck, ungefähr 30 auf 40 cm ausrollen. Eine nicht zu dichte Schicht des am Abend vorher zubereiteten Obstes

darauflegen. Ausrollen und ein langes Brot formen. Die andere Teighälfte genauso verarbeiten.
Ein Blech einfetten und beide Ogeis, mit einem gewissen Abstand, damit sie nicht zusammenbacken, darauflegen. 45 Minuten gehen lassen. Mit dem Eigelb bestreichen. 25 Minuten bei 180° backen. Mit Zucker bestreuen.

Gugelhupf

Ruhezeit: 1 Stunde
Vorbereitungszeit: 45 Minuten
Backzeit: 45 Minuten

1 kg Mehl, 150 g Zucker, 15 bis 20 g Salz, 300 g Butter, 3 Eier, 4 dl Milch, 25 g Bierhefe, 150 g Malagatrauben, 75 g Mandeln, 1 kleines Glas Kirschwasser (nach Belieben)

Bereiten Sie zunächst den Hefeteig mit der Hefe, der Hälfte der Milch und dem für einen mittelfesten Teig notwendigen Mehl vor. Den Teig an einem lauwarmen Ort ruhen lassen. Den Rest des Mehls, Salz, Eier und den Rest der lauwarmen Milch in einer Schüssel vermischen. Das Ganze ungefähr 15 Minuten durchkneten. Dann die mit den Händen weichgeknetete Butter und den Hefeteig, der sein Volumen verdoppelt hat, hinzufügen. Den Teig noch einige Minuten kneten, mit einem Tuch bedecken und ungefähr 1 Stunde an einem lauwarmen Ort ruhen lassen.
Den Teig von neuem so lange klopfen, bis er Risse zeigt. Die in Kirschwasser oder Wasser eingeweichten Malagatrauben abtropfen lassen und hinzufügen. Nach Belieben können Sie jetzt ein kleines Glas Kirschwasser zugeben.
Den Teig in eine gut eingefettete Gugelhupfform füllen und mit ganzen geschälten Mandeln garnieren. Noch einmal ruhen lassen, bis er den Rand der Form erreicht hat. In den Ofen schieben. Falls der Gugelhupf während der Backzeit zu braun wird, können Sie ihn mit Pergamentpapier abdecken.
Bei 180° 45 Minuten backen. Kalt servieren.

Mandelkuchen I

Vorbereitungszeit: 25 plus 30 Minuten
Backzeit: 1 Stunde

Am Abend vorher zubereiten
Teig:
500 g Mehl, 125 g Butter, 125 g Zucker, 2 Eier, 30 g Rosinen, 20 g Backhefe, 1 Glas Milch, 10 g Salz
Für die Füllung:
200 g gemahlene Mandeln, 125 g Puderzucker, 125 g Butter, 2 Eier, 20 g Zimt, 30 g Glasierzucker, 1 kleines Glas Kirschwasser

Zubereitung des Teiges:
Die Hefe mit wenig lauwarmer Milch verrühren. Das Mehl in eine Schüssel geben und in die Mitte eine Vertiefung drükken. Zucker, Salz und Eier hineingeben, mit dem Mehl vermischen. Die Hefe und den Rest der Milch hinzufügen. Den Teig 10 Minuten lang kräftig bearbeiten. Hochheben und mehrere Male fallen lassen, bis sich Luftbläschen bilden. Die Butter kneten und zu dem Teig geben. Noch einmal so lange kneten, bis er sich von der Hand löst. Die entstielten Rosinen untermischen. Der Teig soll sehr fest sein.
In einer, mit einem Teller zugedeckten Schüssel an einem kühlen Ort ruhen lassen.

Zubereitung der Füllung:
Die aufgeweichte Butter, Zucker, Eier, die gemahlenen Mandeln und den Zimt in einer Schüssel vermischen. So lange rühren, bis eine homogene Masse entsteht.
Den Teig auf einer mit Mehl bestreuten Arbeitsplatte vier- oder rechteckig 1 cm dick ausrollen. Den Teig mit der Füllung bestreichen und ausrollen. Die Teigrolle in 2 bis 3 cm lange Streifen schneiden und dann zu Schnecken einrollen.
Die einzelnen Stücke in einer gut gebutterten Biskuitform eng zusammenlegen. An einem lauwarmen Ort gehen lassen. Der Kuchen muß sein Volumen verdoppeln.

Eine Stunde bei mittlerer Hitze backen.
Aus der Form geben und mit einer Glasur aus Zucker und Kirschwasser bestreichen.

Fastnachtskiechla

Ruhezeit: 1 Stunde
Vorbereitungszeit: 30 Minuten
Backzeit: 8 Minuten

250 g Mehl, 1 Ei, 75 g Zucker, 75 g Butter, 5 g Salz, ½ Glas Bier, Puderzucker, Zimt, Öl zum Fritieren

Das Mehl in eine Schüssel geben, eine Vertiefung eindrükken. Das geschlagene Ei, Zucker, Butterstückchen und das Bier hineingeben. Mit einem Spatel gut vermischen und so lange bearbeiten, bis eine feste Teigmasse entstanden ist. Eine Stunde ruhen lassen.
Den Teig auf einer bemehlten Arbeitsplatte ungefähr ½ cm dick ausrollen. Mit einem Messer oder einem Teigrädchen gewünschte Formen ausschneiden: Rhomben, Vierecke, Mondsicheln, Herzen usw.
Die Fastnachtskiechla in den Fritiertopf in heißes Öl legen und goldgelb backen. Abtropfen lassen und mit einer Mischung aus Zimt und Puderzucker bestreuen.

Karnevalskrapfen

Vorbereitungszeit: 1 Stunde
Ruhezeit: 2 mal 30 Minuten
Backzeit: 10 Minuten

250 g Mehl, ½ Glas Milch, 4 Eigelb, 30 g Zucker, 40 g Butter, 1 Prise Salz, 10 g Hefe, 1 dl Crème fraîche, 1 El Rum Aprikosen- oder Johannisbeerkonfitüre

Die Hefe in lauwarmer Milch auflösen.
Die Butter weichkneten.
Mehl, Salz, Rum und Zucker in eine Schüssel geben. Das

Eigelb mit der Butter vermischen, Crème fraîche und ganz zum Schluß die Hefe hinzufügen. Den Teig so lange kneten, bis er sich leicht von den Händen löst. Mit einem Tuch bedecken und an einem warmen Ort 30 Minuten gehen lassen. Den Teig dann 1 cm dick ausrollen. Teile von 5 bis 6 cm Durchmesser ausstechen. Die Ränder mit ein wenig Wasser befeuchten. In die Mitte etwas Konfitüre geben und jeweils zwei Teigteile übereinanderklappen. Die Ränder gut andrükken.
Auf ein bemehltes Tuch legen und 30 Minuten an einem warmen Ort ruhen lassen.
Anschließend in den heißen Fritiertopf legen und wenden. Etwa 10 Minuten backen. Abtropfen lassen und mit Zucker bestreuen.

Apfelbeignets

Vorbereitungszeit: 15 Minuten
Ruhezeit: 2 Stunden
Backzeit: 10 Minuten

6 Renetten, 250 g Mehl, 1 dl Kirschwasser, Glasierzucker, 1 El Zucker, 1,5 dl Bier, 2 dl lauwarmes Wasser, 2 Eigelb, 2 El Butter, 2 Eiweiß, 1 Prise Salz

Mehl, Salz, Zucker und Eigelb in eine Schüssel geben. Mit Bier und lauwarmem Wasser verrühren. Butter hinzufügen und 2 Stunden ruhen lassen.
Das Eiweiß zu Schnee schlagen und vorsichtig unter den Teig heben.
Zubereitung der Äpfel:
Das Kerngehäuse entfernen. Die Äpfel schälen und in 7 mm dicke Scheiben schneiden.
Mit Puderzucker bestreuen, Kirschwasser darübergießen, zudecken und 20 Minuten ziehen lassen.
Die Apfelscheiben in den Backteig tauchen und in den heißen Fritiertopf legen.

Die schön gebräunten Beignets auf einem Tuch abtropfen lassen. Mit dem Glasierzucker und Zimt bestreuen und auf einer warmen Platte servieren.

Brandteig-Küchlein

Vorbereitungszeit: 20 Minuten
Backzeit: 25 Minuten

125 g Mehl, 50 g Butter, 15 g Zucker, 1 Prise Salz, 2,5 dl Wasser, 4 Eier, Glasierzucker

Butter, Zucker und Salz mit Wasser in einen Topf geben und zum Kochen bringen. Das Mehl nach und nach einrühren und den Teig unter ständigem Rühren einkochen lassen. Der Teig ist fertig, wenn er sich leicht vom Topf löst.
Vom Feuer nehmen und die Eier einzeln in den noch warmen Teig verarbeiten.
Den Teig mit einem Eßlöffel in kleinen Kugeln bei mittlerer Hitze in die Fritüre geben. Die Küchlein bei stärkerer Wärmezufuhr goldgelb backen.
Auf einem Tuch abtropfen lassen. Mit Glasierzucker bestreuen.

Grundrezept Crêpes

Vorbereitungszeit: 30 Minuten
Ruhezeit: 2 Stunden

200 g Mehl, 80 g feiner Zucker, 1 Prise Salz, 6 Eier, 70 g Butter, 5 dl Milch, 3 El Kirsch- oder Himbeerschnaps

Mehl, Salz und Zucker in eine Schüssel geben. Die Eier hinzufügen und zu einer glatten Masse verarbeiten.
Milch kochen und kalt werden lassen, die Masse damit vermischen. Die zerlassene Butter hinzufügen.
Der Teig muß 2 Stunden ruhen.

Vor dem Backen nach Belieben mit 3 Eßlöffel Kirsch- oder Himbeerschnaps anreichern.
Einen kleinen Schöpflöffel Teig in die gut gebutterte Crêpe-Pfanne gießen. Auf beiden Seiten goldgelb backen.

Überbackene Kirschcrêpes

Vorbereitungszeit: 20 Minuten
Backzeit: 20 Minuten

Crêpeteig:
300 g Kirschen, entsteint, 1 Glas Sylvaner, 100 g Zucker, 1 El Zimt, 2 Eier, 100 g Zucker, 2 dl Milch, 100 g Makronen, 80 g Butter

2 Crêpes pro Person zubereiten und warmstellen. Sylvaner mit Zucker und Zimt zum Kochen bringen. Die reifen, entsteinten Kirschen 8 Minuten darin pochieren.
Die Crêpes jeweils mit den pochierten Kirschen füllen. Doppelt zusammenfalten und in eine gebutterte und gezuckerte Auflaufform legen.
Die Eier mit dem Zucker verschlagen, Milch unterrühren. Die Crêpes mit dieser Mischung begießen. Die zerbröselten Makronen darüberstreuen. Den Rest der ausgelassenen Butter darübergeben und im Ofen bei mittlerer Hitze überbakken.

Himbeercrêpes

Vorbereitungszeit: 30 Minuten
Backzeit: 15 Minuten

Crêpeteig (siehe S. 210)
Himbeerbutter:
250 g Butter, 80 g gebrannte Mandelsplitter, 1 dl Sahne, 7 cl Himbeerschnaps
Nach Belieben: 200 g frische Himbeeren

3 Crêpes pro Person zubereiten (siehe S. 210) und warm stellen.
Butter, Mandeln, Sahne und Himbeerschnaps zu einer Himbeerbutter verarbeiten.
Jeden Crêpe mit einem Eßlöffel dieser Himbeerbutter füllen.
Doppelt zusammenlegen und auf eine feuerfeste Platte legen.
200 g frische Himbeeren um die Crêpes verteilen.
10 Minuten im Ofen bei 150° erhitzen.
Warm mit 2 Eßlöffel Himbeerschnaps übergossen flambieren.
Nach Belieben können Sie auch Himbeersauce dazu reichen (siehe S. 233).

Apfelcrêpes

Vorbereitungszeit: 20 Minuten
Backzeit: 20 Minuten

Für den Crêpeteig:
100 g Mehl, 2 Eier, 30 g Zucker, 25 g Butter, 2 dl Milch
100 g Butter, 3 Äpfel, Grießzucker, Zimt
Dazu empfohlener Wein: Gewürztraminer

Crêpeteig zubereiten (siehe S. 210).
Die Äpfel schälen und in Scheiben schneiden. In einer Schmorpfanne in Butter dünsten, so daß sie knackig bleiben.
Abkühlen lassen und unter den Crêpeteig mischen.
In einer Crêpepfanne Butter zerlassen, einen kleinen Schöpflöffel Teig hineingeben und wie die einfachen Crêpes backen.
Auf einer Platte anrichten.
Vor dem Servieren einige Minuten in den Ofen schieben und mit einer Mischung aus Zucker und Zimt bestreuen.

Crêpesoufflé mit Kirschwasser

Vorbereitungszeit: 20 Minuten
Backzeit: 10 Minuten

12 Crêpes, 3 dl Konditorcreme (siehe S. 232), 200 g eingemachtes Obst, 1 Glas Kirschwasser, 5 Eiweiß, Butter und feiner Zucker für die Formen

Die Crêpes zubereiten und warmstellen.
Das eingemachte Obst würfeln und in Kirschwasser ziehen lassen. Abtropfen und unter die Konditorcreme mischen.
Das Eiweiß zu einem sehr steifen Schnee schlagen und sehr vorsichtig unter die Crème heben. Jeden Crêpe mit dieser Masse füllen und zusammenlegen. Auf einer gefetteten und mit Zucker bestreuten Porzellanplatte anrichten.
Die Crêpes bei schwacher Hitze 10 Minuten im Ofen quellen lassen.
Servieren und mit Kirschwasser flambieren.

Gratinierte Himbeeren

Vorbereitungszeit: 20 Minuten
Backzeit: 10 Minuten

200 g gebrannte Mandelsplitter, ½ l Konditorcreme (siehe S. 232), 2 dl Crème fraîche, 300 g Himbeeren, 5 cl Himbeerschnaps, Puderzucker, Butter zum Einfetten der Formen

Die Konditorcreme mit der Crème fraîche verrühren, Himbeerschnaps hinzufügen.
6 kleine Formen aus feuerfestem Porzellan einfetten und mit jeweils einem Eßlöffel der Crème füllen. Himbeeren und Mandelsplitter darauflegen. Mit dem Rest der Crème bedekken und Puderzucker darüberstreuen.
Im auf 200° vorgeheizten Ofen 10 Minuten leicht überbakken.

Schaumomelette mit Kirschwasser

Vorbereitungszeit: 20 Minuten
Backzeit: 10 Minuten

8 Eier, 200 g feiner Zucker, 2 dl Kirschwasser, 150 g Butter, Glasierzucker, feiner Zucker zum Bestreuen

Die Eier aufschlagen, das Eiweiß aufbewahren. Das Eigelb mit dem feinen Zucker verrühren. 1 dl Kirschwasser hinzufügen. Das Eiweiß zu einem steifen Schnee schlagen und vorsichtig unterheben.
Eine Form aus feuerfestem Porzellan einfetten und mit Zukker bestreuen.
Einen Löffel Butter in einer Omelette-Pfanne erhitzen, die Schaummasse einfüllen und backen.
Das Omelette zusammenlegen und in die gebutterte und gezuckerte feuerfeste Schüssel legen. 5 Minuten in den auf 170° vorgeheizten Ofen stellen.
Servieren und mit dem Rest des Kirschwassers flambieren.

Mirabellenauflauf

Vorbereitungszeit: 20 Minuten
Backzeit: 25 Minuten

4 Eigelb, 6 Eiweiß, 80 g Zucker, 2 dl Milch, 3 cl Mirabellenschnaps, 200 g Mirabellen, 6 kleine Löffelbiskuits, Butter, feiner Zucker, Glasierzucker

Die Mirabellen entsteinen und 5 Minuten in einem Sirup aus einem Glas Wasser und 50 g Zucker pochieren.
4 Eigelb mit dem Zucker in einer Schüssel verarbeiten. Die Milch erhitzen und kochend über das Eigelb und den Zucker gießen. Heftig rühren. Wieder auf das Feuer stellen und unter ständigem Rühren cremig werden lassen. Nicht kochen.
Die Crème durch ein Haarsieb in eine Schüssel streichen und schwenken, bis sie kalt ist.

6 Eiweiß zu einem steifen Schnee schlagen.
Den Mirabellenschnaps sorgfältig in die Crème rühren und das Eiweiß unterheben.
Vorbereitung der Form:
Eine oder mehrere Formen buttern und zuckern. Die Löffelbiskuits auf den Boden der Form schichten.
Die pochierten Mirabellen darüberlegen und mit 1 cl Mirabellenschnaps begießen.
Die Form zu drei Viertel mit der Schaummasse füllen. Im Ofen bei 150° bis 170° 25 Minuten backen. Mit Glasierzucker bestreuen.

Kirschauflauf

Zubereitung genau wie beim Mirabellenauflauf (s. oben), nur statt des Mirabellenschnapses Kirschwasser und statt der Mirabellen Kirschen verwenden.

Obstsalat

Vorbereitungszeit: 20 Minuten
Ziehen lassen: 2 Stunden

2 Orangen, 1 rote und 1 weiße Weintraube, 1 Zitrone, 1 kleine frische Ananas (oder ½ Dose), 150 g Grieszucker, 1 Glas Kirschlikör

Die Orangen schälen und in Scheiben schneiden.
Die Ananas schälen, der Länge nach teilen, das harte Innere herausnehmen und das Fruchtfleisch in kleine Stücke schneiden. Die Weintrauben entkernen.
Alles in eine Schale geben, zuckern, Zitronensaft und Kirschlikör zufügen. Das Ganze vorsichtig mischen und an einem kühlen Platz 2 Stunden ziehen lassen. Dann servieren.

Maronencharlotte

Vorbereitungszeit: 30 Minuten
Kochzeit: 1 Stunde
3 Stunden abkühlen lassen

125 g Löffelbiskuits, 750 g Maronen, ½ Vanilleschote, 150 g Puderzucker, 150 g Butter, 2,5 dl Schlagrahm, 1 Glas Rum, 1 l Milch

Die Löffelbiskuits in Rum einweichen und die leicht gebutterte Charlottenform damit auslegen. Die Maronen in kochendes Wasser legen, die braune Haut entfernen und mit der Vanilleschote in Milch kochen, anschließend durch ein Sieb passieren. Das Mus mit Butter und Zucker vermischen und die geschlagene Sahne darunterheben.
Die mit Löffelbiskuits ausgelegte Form mit der Masse füllen.
3 Stunden in den Kühlschrank stellen.
Aus der Form nehmen und mit Englischer Creme (siehe S. 219) servieren.

Birnencharlotte

Vorbereitungszeit: 1 Stunde
Ruhezeit: 6 Stunden
Kochzeit: 30 Minuten

4 mittelgroße Birnen, 3 Eigelb, 3 Gelatineblätter, 2 dl Birnensaft, 2 dl Sahne, 4 Eiweiß, 5 dl Birnenschnaps, 24 Löffelbiskuits, Aprikosenkonfitüre
Sirup:
1 l Wasser, 400 g Zucker, 1 Vanillestange

Die Birnen schälen, entkernen und halbieren. In einem Sirup aus 1 l Wasser und 400 g Zucker kochen. In einer Obstschale kaltstellen.
3 Eigelb mit dem Birnensaft auf der heißen Herdplatte verschlagen (nicht kochen), bis eine dickflüssige Creme entstanden ist.
Vom Feuer nehmen und die vorher in kaltem Wasser aufgeweichten Gelatineblätter hinzufügen. Die Blätter mit der

Hand gut ausdrücken, bevor sie mit der Creme vermischt werden. Abkühlen lassen, aber nicht in den Kühlschrank stellen.
Inzwischen eine gebutterte Form von etwa 20 cm Durchmesser mit den halbierten Löffelbiskuits auslegen. Den Boden der Biskuits mit etwas Birnenschnaps tränken.
Die Schlagsahne steif schlagen.
4 Eiweiß ebenfalls zu einem sehr steifen Schnee schlagen. Eiweiß und Schlagsahne vorsichtig unter die abgekühlte Creme heben, mit Birnenschnaps anreichern.
Die Form mit dieser Schaummasse füllen, in den Kühlschrank stellen und 6 Stunden ruhen lassen. Vor dem Servieren aus der Form stürzen, mit Birnenscheiben belegen und mit Aprikosenkonfitüre glasieren.
Servieren Sie dazu Karamel- oder Himbeersoße.

Warme Apfelcharlotte, flambiert mit Rum

Vorbereitungszeit: 30 Minuten
Backzeit: 30 Minuten

400 g Kastenbrot, 100 g Butter, 6 Äpfel (Goldparmänen oder Renetten), 60 g gebrannte Haselnüsse, 60 g Malagaweintrauben, 150 g Zucker, Rum

Die Äpfel schälen und in Scheiben schneiden. In einer Kasserolle in Butter und Zucker dünsten. Wenn die Äpfel weich sind, die Weintrauben und Nüsse hinzufügen.
Das Brot in 0,5 cm dicke Scheiben schneiden. Die Krusten abschneiden. Den Boden und die Ränder einer gebutterten Form damit auslegen, dann die Apfel-Weintrauben-Nuß-Mischung hineinfüllen. Im Ofen bei 200° 30 Minuten im Wasserbad backen.
Aus der Form auf einen vorgewärmten Teller stürzen. Mit Zucker bestreuen und mit Rum flambieren.

Aprikosensüßspeise nach elsässischer Art

Vorbereitungszeit: 30 Minuten
Kochzeit: 30 Minuten
Kalt stellen: 5–6Stunden

800 g reife, sorgfältig ausgesuchte Aprikosen, 250 g Puderzucker, 1 kleines Glas Kirschwasser, ½ Glas Wasser
Dazu empfohlener Wein: Muskat

Wählen Sie eine feuerfeste Keramik-, Steingut- oder Glasschüssel.
Die Aprikosen sorgfältig putzen und halbieren, Steine entfernen. Die halben Früchte mit der Schnittfläche nach oben auf den Boden der Schüssel schichten. Das Wasser hinzufügen und drei Viertel des Puderzuckers einstreuen.
Mit Aluminiumfolie bedecken und ungefähr 20 Minuten im Ofen bei schwacher Hitze ziehen lassen. Wenn die Aprikosen den Saft vollständig aufgesogen haben, sind sie fertig. Den Rest des Puderzuckers darüberstreuen, Kirschwasser in die Schüssel geben, ohne das Obst zu benetzen. 10 Minuten unter den heißen Grill stellen, um die Aprikosen zu bräunen.
Das Obst herausnehmen und in einer Schüssel anrichten. Langsam abkühlen lassen, dann 5–6 Stunden in den Kühlschrank stellen.
Sehr kalt servieren.

Sankt-Martins-Pudding

Ruhezeit: 6 Stunden
Vorbereitungszeit: 30 Minuten
Kochzeit: 15 Minuten

250 g Schokolade, 250 g Butter, 250 g Puderzucker, 4 Eigelb, 20 bis 25 Löffelbiskuits
Englische Creme: 150 g Puderzucker, 6 Eigelb, 3 dl Milch, ½ Vanillestange

Die Schokolade mit wenig Wasser in einer Kasserolle zerlassen.
Butter, Zucker und Eigelb verschlagen, die Schokolade hinzufügen und alles gut vermischen.
Boden und Ränder einer Puddingform mit weißem Papier auslegen. Eine Schicht Löffelbiskuits hineingeben, darauf eine Schicht der vorbereiteten Füllung streichen usw., bis zu einer letzten Schicht aus Löffelbiskuits.
Die Form einige Stunden kaltstellen.
Den Pudding aus der Form stürzen, das Papier entfernen. Mit Schlagsahne garnieren.
Die Englische Creme separat dazu servieren.

Englische Creme:
Die Milch mit der Vanillestange erhitzen und ziehen lassen. Eigelb und Zucker mit einem Holzspatel schaumig rühren. Den Schaum in die heiße Milch gießen und unter ständigem Rühren wieder bis zum Siedepunkt erhitzen. Nicht aufkochen lassen. Die Creme muß am Spatel haften. Sofort durch ein Haarsieb in eine Schüssel passieren und einige Minuten schwingen, damit sie schneller abkühlt.

Grießpudding

Vorbereitungszeit: 30 Minuten
Backzeit: 1 Stunde

5 dl Milch, 125 g Grieß, 125 g Zucker, 125 g Butter, 4 Eier
Caramelzucker für die Form: 150 g Zucker, 2 El Wasser

Milch mit Zucker zum Kochen bringen. Beim Aufkochen den Grieß hineinschütten. Heftig rühren und 2 bis 5 Minuten leicht kochen. Vom Feuer nehmen, Butter und Eigelb hinzufügen. Das Eiweiß zu Schnee schlagen und daruntermischen. Zucker und Wasser in einen Schmortopf geben und karamelisieren. In die Form gießen.
Die Schaummasse darübergeben und im Ofen bei mittlerer Hitze (180°) im Wasserbad 1 Stunde backen.
Kalt werden lassen. Stürzen und mit einer Englischen Vanillecreme (s. Seite 219) servieren.

Haselnußbiskuits

Vorbereitungszeit: 25 Minuten
Backzeit: 1 Stunde

6 Eier, 200 g feiner Zucker, 200 g Haselnüsse, Schale einer halben Zitrone, 1 dl Kirschwasser, 80 g Mehl, Glasierzucker, gebrannte Haselnüsse zum Verzieren, Butter und Mehl für die Form

Die Eier aufschlagen, das Eiweiß vom Eigelb trennen. Die Eigelb in einer Schüssel mit Zucker verrühren. Die gemahlenen Nüsse, Mehl, Kirschwasser und Zitronenschale zugeben. Das Eiweiß zu einem steifen Schnee schlagen und vorsichtig unter den Teig heben.
Eine Biskuitform einfetten und leicht mit Mehl bestäuben. Mit der Teigmasse füllen.
Bei schwacher Hitze im Ofen bei 170° backen. Aus der Form stürzen. Mit Glasierzucker bestreuen und mit den gebrannten Haselnüssen garnieren.

Schokoladenkuchen

Vorbereitungszeit: 30 Minuten
Backzeit: 45 Minuten

250 g Kochschokolade, 250 g Butter, 250 g feiner Zucker, 125 g Mandelpuder, 100 g Mehl, 6 Eier

Die Eier aufschlagen, Eiweiß und Eigelb trennen. Das Eigelb mit dem Zucker 10 Minuten verarbeiten. Mandelpulver, die weichgeknetete Butter und die zerlassene Schokolade hinzufügen. Die Masse gut verrühren und nach und nach das Mehl zuschütten. Das Eiweiß zu einem sehr steifen Schnee schlagen und vorsichtig unter die Masse heben.
Eine Biskuitform einfetten und mit wenig Mehl bestreuen. Den Teig einfüllen und 45 Minuten bei 170° backen.
Kalt aus der Form geben und nach Belieben garnieren (eingemachtes Obst, Glasierzucker usw.).

Mandelkuchen II

Vorbereitungszeit: 20 Minuten
Backzeit: 15 Minuten

500 g Puderzucker, 500 g Mehl, 350 g gehackte Mandeln, 10 g Zimt, 6 Eier, 1 Beutel Backpulver, ½ Zitronenschale, gerieben, 2 zerdrückte Gewürznelken
Dazu empfohlener Wein: Gewürztraminer, Riesling, Muskat

Den Zucker in ein Gefäß geben. Die Eier darüberschlagen und schaumig rühren. Mandeln, Zimt, Gewürznelken und Zitronenschale hinzufügen. Gut verrühren. Das Mehl nach und nach einkneten und zu einer gleichmäßigen Masse verarbeiten. Backpulver hinzufügen und sorgfältig weiterkneten. Den Teig auf einem gebutterten Backblech 1 bis 2 Finger dick ausrollen. 15 Minuten backen. Aus dem Ofen nehmen und sofort schneiden. Lauwarm oder kalt servieren.

Streuselkuchen

Vorbereitungszeit: 30 Minuten
Ruhezeit: 1 Stunde

Teig: 350 g Mehl, 125 g Butter, 1 Ei, 10 g Salz, 30 g Zucker, 15 g Hefe, 12 dl Milch
Füllung: 100 g Butter, 120 g Mehl, 70 g Zucker, 1 Ei, ½ Tl Zimt, Glasierzucker

Das Mehl auf eine glatte Arbeitsfläche schütten. In die Mitte eine Vertiefung drücken. Die Hefe hineingeben und mit 2 Eßlöffel lauwarmer Milch verrühren. Mit wenig Mehl vermischen, so daß ein weicher Teig entsteht.
Zucker, Salz, 1 Ei in die Vertiefung geben. Mit dem Mehl vermischen und kneten.
Die Butter weichkneten und unter den Teig mischen. Den Teig gut bearbeiten, er darf nicht zu fest werden.
Dieser Teig sollte am Abend vorher zubereitet und an einem kühlen Ort aufbewahrt werden.

Zubereitung der Füllung:

Vorbereitungszeit: 20 Minuten
Ruhezeit: 30 Minuten
Backzeit: 30 Minuten

Die Butter zerlassen, das Mehl hinzufügen und mit einem Spatel gut vermischen. Zimt und Zucker einrühren.
Kalt werden lassen und mit einem Messer in kleine Stückchen schneiden.
Den vorher zubereiteten Teig 3 cm dick ausrollen und in eine Form oder eine runde Fläche eines gebutterten Backblechs legen. Die Oberfläche mit Eigelb bestreichen und mit dem Streusel bedecken. Eine halbe Stunde gehen lassen.
30 Minuten bei mittlerer Hitze backen. Abkühlen lassen und vor dem Servieren mit Glasierzucker bestreuen.

Rumsavarin

Vorbereitungszeit: 30 Minuten
Ruhezeit: 2 Stunden
Backzeit: 30 Minuten

250 g Mehl, 100 g Butter, 10 g Backhefe, 3 Eier, 10 g Zucker, 1 Prise Salz, 2 dl Milch
Sirup zum Einweichen des Savarin: 250 g Zucker, 4 dl Wasser, 1 dl Rum

Hefe in lauwarmer Milch auflösen.
Mehl in eine Schüssel geben, eine Vertiefung eindrücken, die geschlagenen Eier und die in Milch aufgelöste Hefe hinzufügen. Gut vermischen und den Teig 3 Minuten mit der Hand schlagen. Die Schüssel bedecken und an einen warmen Ort stellen. Der Teig muß sein Volumen verdoppeln.
Die Butter zu einer weichen Masse kneten und mit Salz und Zucker unter den Teig mischen. Diesen Teig mit der Hand schlagen, ihn hochnehmen und fallenlassen wie einen Briocheteig. Eine gut gebutterte Ringform zu drei Viertel mit dem Teig füllen und an einem sehr warmen Ort gehen lassen. Bei 180° backen.
Den Savarin erkalten lassen. Inzwischen den Rumsirup vorbereiten: Wasser mit Zucker zum Kochen bringen, den Rum hinzufügen und erkalten lassen. Den abgekühlten Savarin stürzen und mit dem Sirup tränken.
Mit Schlagsahne oder besser noch mit Fruchtsalat garniert servieren.
Der Rumsavarin hat sich aus der alten elsässischen Gewohnheit, den Gugelhupf mit einem Rum- oder Kirschsirup zu begießen, entwickelt.

Käsekuchen

Vorbereitungszeit: 30 Minuten
Backzeit: 40 Minuten

300 g Mürbeteig, (s. Seite 198) 300 g Quark, 150 g Puderzucker, 1 Tl Vanillezucker, 4 Eier, 3 El Sahne, Schale einer halben Zitrone, 100 g Sultaninen, 1 kleines Glas Kirschwasser

Die gebutterte runde Kuchenform mit dem Mürbeteig belegen. Die Sultaninen in dem Kirschwasser quellen lassen.
Quark und Sahne in einer Schüssel verrühren. Eigelb, Puderzucker, Vanillezucker und die Zitronenschale hinzufügen. Die Masse sehr schaumig rühren.
Das Eiweiß zu einem steifen Schnee schlagen und vorsichtig unter die Schaummasse heben.
Den Mürbeteig mit dieser Mischung bestreichen. Die Sultaninen daraufstreuen. 40 Minuten bei 180° backen.
Besonders beliebt im Sommer; er ist charakteristisch für die Mittel- und Hochtäler der Vogesen.

Linzer Torte

Vorbereitungszeit: 35 Minuten
Backzeit: 20 Minuten
Ruhezeit: 1 Stunde

125 g Mehl, 100 g Butter, 70 g gemahlene Haselnüsse, 2 Eier, 1 Zitrone, 20 g Zimt, 100 g Puderzucker
Für die Füllung: 350 g Himbeergelee oder Erdbeerkonfitüre, 1 Eigelb

Eier, Zucker, Butter und die geriebene Zitrone mit einem Schneebesen schaumig schlagen. Dann Mehl, gemahlene Haselnüsse und Zimt hinzufügen. Vermischen und zu einem festen Teig verarbeiten. 1 Stunde ruhen lassen.
Drei Viertel des Teiges in der Größe der Tortenform 1 cm dick ausrollen und den Boden der gebutterten Form damit auslegen.

Den Rest des Teiges zu einem Rechteck ausrollen und daraus 1 cm breite Streifen schneiden.
Mit einem dieser Streifen den Rand der Tortenform auslegen. Den Boden mit Himbeergelee oder Erdbeerkonfitüre bestreichen. Die restlichen Streifen in Form eines Gitters darüberlegen und die Teigstreifen mit Eigelb bestreichen.
In den heißen Ofen schieben und 20 Minuten backen.

Heidelbeertorte I

Vorbereitungszeit: 15 Minuten
Backzeit: 40 Minuten

300 g Mürbeteig (siehe S. 198), 2 Eier, 100 g Crème fraîche, 100 g Zucker, 5 Löffelbiskuits, 500 g frische oder tiefgekühlte Heidelbeeren oder 1 Pfund Heidelbeerkonfitüre (dann allerdings nur 50 g Zucker zugeben)
Dazu empfohlener Wein: Gewürztraminer

Den Teig auf einer bemehlten Arbeitsfläche ausrollen. Eine Tortenform damit auslegen.
Den Tortenboden mit den zerkrümelten Biskuits bestreuen und das Obst darauf verteilen.
20 Minuten im heißen Ofen backen.
In der Zwischenzeit die Crème fraîche mit den Eiern verschlagen und zum Schluß den Zucker unterrühren.
Die Torte aus dem Ofen nehmen. Die Zuckermischung darübergeben und weitere 20 Minuten in dem jetzt weniger heißen Ofen backen. Danach sofort aus der Form nehmen. Vor dem Servieren kalt werden lassen.

Heidelbeertorte II

Vorbereitungszeit: 15 Minuten
Ruhezeit: 30 Minuten
Backzeit: 30 Minuten

Für den Teig: 200 g Mehl, 100 g Butter, 1 El Puderzucker, 1 Prise Salz, 5 dl Wasser, 1 Eigelb
Für die Füllung: 500 g Heidelbeeren, 100 g Crème fraîche, 100 g Puderzucker, 2 Eier, 2 El Paniermehl, Glasierzucker
Dazu empfohlener Wein: Gewürztraminer, Tokayer

Das Mehl in eine Schüssel geben. Die weiche Butter hinzufügen und mit dem Mehl verkneten. Eine Vertiefung eindrükken. Salz, Zucker, Eigelb und Wasser einfüllen. Mit dem Mehl vermischen und gut kneten. Den Teig zu einer Kugel formen und 30 Minuten an einem kühlen Ort ruhen lassen. Den Teig ausrollen und eine gebutterte Form damit auslegen; sorgfältig gegen den Rand der Form drücken. Den Tortenboden mit einer Gabel einstechen und mit dem Paniermehl, das einen Teil des Heidelbeersaftes absorbieren wird, bestreuen. Das geputzte, aber nicht gewaschene Obst daraufgeben.

20 Minuten im heißen Ofen backen.

Die Eier mit der Crème fraîche und Zucker in einer Tasse verschlagen.

Die Torte aus dem Ofen nehmen und den Inhalt der Tasse über die Heidelbeeren gießen. Darauf achten, daß der Saft nicht überfließt. Die Torte weiterbacken; nach ungefähr 10 Minuten aus dem Ofen nehmen und mit Glasierzucker bestreuen.

10 Minuten abkühlen lassen und lauwarm servieren.

Birnenkuchen mit Apfelmarmelade

Vorbereitungszeit: 15 Minuten
Backzeit: 30 Minuten

400 g süßen Teig (siehe S. 201), 500 g Äpfel, 100 g Zucker, 500 g reife Birnen, 2 El Aprikosenkonfitüre, 50 g geröstete Mandelsplitter

Die Äpfel schälen und vierteln. Mit wenig Wasser in 100 g Zucker kochen. Durch ein Sieb passieren.
Eine runde Form mit dem Zuckerteig auslegen. Die Apfelmarmelade ½ cm dick daraufstreichen. Die Birnen schälen, in Scheiben schneiden und gleichmäßig auf die Marmelade verteilen. 30 Minuten bei 180° bis 200° backen.
Aus dem Ofen nehmen und reichlich mit Aprikosenkonfitüre bestreichen. Die gebrannten Mandelsplitter darüberstreuen.

Apfelkuchen nach elsässischer Art

Vorbereitungszeit: 30 Minuten
Backzeit: 40 Minuten

300 g Mürbeteig (siehe S. 198), 1 kg Äpfel, 150 g Puderzucker, 1 Glas Milch, 1 dl Crème fraîche, 2 Eier, Zimt
Dazu empfohlener Wein: Gewürztraminer

Die Äpfel schälen und vierteln bzw. achteln, wenn sie sehr groß sind, Kerngehäuse entfernen. Den Teig ausrollen und in eine gebutterte Kuchenform geben. Den Boden mit einer Gabel einstechen, damit sich keine Buckel bilden.
Die Apfelstückchen darauf verteilen und mit Zucker bestreuen. 25 bis 30 Minuten im heißen Ofen backen.
Die Eier in einer kleinen Schüssel mit dem restlichen Zucker verschlagen. Milch und Crème fraîche hinzufügen. Die Mischung über den Kuchen gießen, 10 bis 15 Minuten weiterbacken. Den fertigen Kuchen mit wenig Zimt bestreuen. Lauwarm servieren.

Warmer Apfelkuchen

Vorbereitungszeit: 30 Minuten
Backzeit: 20 Minuten

Mandelcreme: 50 g Zucker, 3 dl Milch, 1 Prise Salz, 40 g Mehl, 1 Ei, 2 Eigelb, ⅓ einer Vanillestange, 30 g Makronen, 30 g Butter, 400 g Blätterteig (siehe S. 199), 4 kg Renetten, 10 g feiner Zucker, 2 El Aprikosenlikör oder -Konfitüre, 50 g gebrannte Mandelsplitter

Zubereitung der Mandelcreme:
Die Milch mit der Vanillestange zum Kochen bringen. In einem Schmortopf Zucker, Mehl, Salz, Ei und Eigelb mit dem Schneebesen verschlagen. Die kochende Milch darübergießen und gut verrühren.
Den Topf aufs Feuer und unter ständigem Rühren zum Kochen bringen. Die Creme in eine Schüssel gießen.
Butter und feingeriebene Makronen einrühren. Die Oberfläche mit einem Stück Butter abtupfen, damit sich keine Haut bildet.
Den zu einer runden Fläche ausgerollten Blätterteig auf ein gebuttertes Blech legen; den Rand umbiegen und den Boden mit einer Gabel einstechen. Die Mandelcreme daraufstreichen.
Die geschälten und in dünne Scheiben geschnittenen Äpfel darüber verteilen; mit feinem Zucker bestreuen.
15 bis 20 Minuten backen.
Den goldgelb gebackenen Kuchen aus dem Ofen nehmen und auf eine Kuchenplatte legen. Mit Aprikosenlikör oder -Konfitüre und den gebrannten Mandelsplittern garnieren. Warm servieren.
Vorschlag: Bei 6 Personen wird man besser zwei statt des einen Kuchens backen. Das erleichtert die Arbeit.

Zwetschgenkuchen I

Vorbereitungszeit: 1 Stunde
Backzeit: 40 Minuten

250 g Mehl, 100 g Butter, 10 g Backhefe, 5 g Salz, 40 g Zucker, 10 dl Milch, 1 Ei
Für die Füllung: 1,5 kg Zwetschgen, 100 g Zucker, 5 g Zimt, Glasierzucker
Dazu empfohlener Wein: Gewürztraminer

Die Hefe mit 5 dl lauwarmer Milch in eine Schüssel geben. Mit 60 g Mehl zu einem weichen Teig verarbeiten. Mehl darüberstreuen und an einem warmen Ort gehen lassen, bis der Teig das doppelte Volumen erreicht hat.
Eine Vertiefung in den Hefeteig drücken und das restliche Mehl rundherum verteilen. Lauwarme Milch, Salz, Zucker und ein Ei in die Vertiefung geben. Alles vermischen, den Teig mit den Händen bearbeiten, hochheben und wieder fallen lassen, bis sich Luftblasen bilden. Die weiche Butter mit dem Teig vermischen. So lange kneten, bis der Teig sich von den Händen löst.
Ruhen lassen, bis der Teig sein Volumen verdoppelt hat. Die Teigmasse auseinanderteilen und kneten, bis sie wieder zusammengefallen ist. Ausrollen und auf eine gebutterte Kuchenform legen. Die Zwetschgen entsteinen und darauf verteilen. Mit Puderzucker bestreuen, im heißen Ofen 40 Minuten backen.
Den Kuchen nach dem Backen 10 Minuten ruhen lassen, dann aus der Form nehmen. Mit Glasierzucker und Zimt bestreuen. Warm servieren.

Zwetschgenkuchen II

Vorbereitungszeit: 10 Minuten
Backzeit: 30 Minuten

400 g Mürbeteig (siehe S. 198), 1,5 kg Zwetschgen, 100 g feiner Zucker, 5 g Zimt, Glasierzucker

Eine gebutterte Kuchenform mit dem Mürbeteig auslegen. Sie können den Teig auch auf ein Backblech legen und einen Rand umschlagen.
Die entsteinten und geviertelten Zwetschgen auf den Teig verteilen. Mit feinem Zucker bestreuen. Bei 200° 30 Minuten backen.
Aus dem Ofen nehmen und mit Glasierzucker und Zimt bestreuen.

Mirabellenkuchen

Die gleiche Zubereitung wie der Zwetschgenkuchen mit Mürbeteig (siehe S. 198).

Traubenkuchen

Vorbereitungszeit: 20 Minuten
Backzeit: 30 Minuten

400 g süßer Teig (siehe S. 201), 3 dl Mandelcreme (siehe S. 228), 1 kg Weintrauben, 4 Eiweiß, 100 g Zucker, 2 El gebrannte Mandelsplitter, Glasierzucker

Eine gebutterte runde Kuchenform mit dem Teig auslegen. Einstechen und bei 170° 20 Minuten backen.
Den Boden erkalten lassen und die Mandelcreme daraufstreichen. Die Weintrauben darüber verteilen.
Das Eiweiß zu einem sehr steifen Schnee schlagen. Zucker und Mandeln hineinrühren.

Die Trauben mit einem Teil dieser Schaummasse bedecken. Mit einer Teigspritze den Kuchen mit der restlichen Schaummasse garnieren.
10 Minuten bei 200° goldgelb backen. Achten Sie darauf, daß die Oberfläche nicht zu dunkel wird. Aus dem Ofen nehmen und mit Glasierzucker bestreuen.

Rhabarberkuchen

Ziehen lassen: 20–30 Minuten
Vorbereitungszeit: 40 Minuten
Backzeit: 30 Minuten

400 g Mürbeteig (s. Seite 198), 500 g Rhabarberstengel, 150 g Grieszucker, 2 Eier, ¼ l Sahne

Rhabarber schälen, in Streifen schneiden, die Streifen in eine Schüssel geben, mit 2 El Zucker 20 bis 30 Minuten ziehen lassen.
Den Mürbeteig in die gebutterte Kuchenform füllen.
Rhabarber abtropfen lassen und auf den Teig verteilen. Im 200° heißen Ofen backen.
Währenddem in einer Schüssel Eier schlagen, Sahne dazugeben und den restlichen Zucker, nach 20 Minuten Backzeit über den Kuchen gießen.
Der Kuchen kommt dann nochmal 10 Minuten in den Ofen.
Aus der Form nehmen und möglichst noch warm servieren.

Konditorcrème

Vorbereitungszeit: 10 Minuten
Kochzeit: 10 Minuten

6 Eigelb, 200 g Zucker, 5 dl Milch, 40 g Mehl, ½ Vanillestange

Die Milch mit der halben Vanillestange kochen und ziehen lassen.
6 Eigelb in einer Schüssel mit Zucker und Mehl verrühren. Die kochende Milch darübergießen. Unter ständigem Rühren 2 Minuten kochen.
In einer Schüssel abkühlen lassen. Die Oberfläche mit einem Stück Butter betupfen, damit sich keine Haut bildet.

Karamelsauce

Vorbereitungszeit: 15 Minuten
Kochzeit: 10 Minuten

250 g Zucker, 2½ dl Wasser, 3 dl Sahne

Den Zucker in einem Tiegel oder kleinen Schmortopf hellgelb karamelisieren.
Das Wasser vorsichtig zu dem heißen Karamel gießen. Abkühlen lassen.
2 Minuten kochen lassen und vorsichtig die Sahne zugießen.
Diese Sauce wird zu verschiedenen Desserts, wie z. B. Haselnußpudding, Weihnachtsgebäck, Gugelhupf und Birnencharlotte gegessen.

Schokoladensauce

Vorbereitungszeit: 15 Minuten
Kochzeit: 10 Minuten

1 dl Milch, 1 El Sahne, 25 g Grießzucker, 15 g Butter, 100 g Bitterschokolade

Die Schokolade im Wasserbad schmelzen.
Inzwischen die Milch kochen. Sahne einrühren und noch einmal aufkochen lassen.
Vom Feuer nehmen. Zucker, die zerlassene Schokolade und Butter hinzufügen. Gut verrühren und noch einmal kurz aufkochen lassen.
Schokoladensauce wird zu gefüllten Windbeuteln (siehe S. 238) serviert.

Himbeersauce

Zubereitung: 10 Minuten

250 g reife Himbeeren, 250 g feiner Zucker

Die Himbeeren durch ein Sieb streichen oder durch die Obstpresse passieren.
Den Zucker hinzufügen und von Zeit zu Zeit verrühren, bis der Zucker sich aufgelöst hat.
Diese Sauce hält sich sehr gut im Kühlschrank und schmeckt gut zu Birnencharlotte, Himbeercrêpes, Vanilleeis usw.

Makronen

Vorbereitungszeit: 30 Minuten
Backzeit: 20 Minuten

250 g geschälte Mandeln, 500 g Glasierzucker, 8 Eiweiß

Die frischen, geschälten Mandeln mit 250 g des nicht stärkehaltigen Glasierzuckers (dieser Zucker ist in jedem Feinkostgeschäft erhältlich) zermahlen.
Die Pudermischung in eine Schüssel geben. Den Zuckerrest und 3 Eiweiß hinzufügen. Mit dem Spatel so lange vermischen, bis der Teig schön weiß ist.
Die restlichen 5 Eiweiß zu steifem Schnee schlagen und vorsichtig unterheben.
Den Teig in einen Spritzbeutel mit mittelgroßer Hülse füllen und in kleinen Häufchen auf ein mit Pergamentpapier ausgelegtes Blech spritzen. Im Ofen bei 180° 20 Minuten backen.

Madeleines

Vorbereitungszeit: 30 Minuten
Backzeit: 20 Minuten

200 g Butter, 200 g Zucker, 250 g Mehl, 3 Eier, Saft einer Zitrone

Die Butter zu einer weichen Masse verarbeiten. Löffelweise Zucker und Mehl hinzugeben. Nachdem ein Drittel dieser Zutaten verarbeitet ist, die Eier hinzufügen, dann den restlichen Zucker und das Mehl, zum Schluß den Zitronensaft einkneten.
Die Formen einfetten und mit Mehl bestreuen. Den Teig einfüllen.
Im Ofen bei 180° 20 Minuten backen.

Wolfszahn

Vorbereitungszeit: 20 Minuten
Backzeit: 15 Minuten

250 g Mehl, 175 g Butter, 200 g Zucker, 3 Eier, 2 Eiweiß, ½Päckchen Backpulver, Saft einer halben Zitrone, 1 kleines Glas Kirschwasser, 1 dl Sahne

Eigelb, ausgelassene Butter und Zucker in einer Schüssel mit dem Schneebesen schaumig rühren, bis der Zucker sich vollständig aufgelöst hat. Drei Eier in die Mischung schlagen. Das Mehl hineinsieben, Kirschwasser und Hefe hinzufügen. Gut verrühren, den Rahm zugeben. Mit einem kleinen Löffel Teighäufchen auf das gebutterte und leicht bemehlte Backblech legen.
Die Häufchen spitz zulaufen lassen.
Bei geringer Hitze 15 Minuten backen.
Dieses Gebäck wird kalt gegessen.

Weihnachtsgebäck

Vorbereitungszeit: 30 Minuten
plus 12 Stunden
Backzeit: 15 Minuten

500 g Mehl, 250 g Puderzucker, 250 g Butter, 3–4 Eier, 1 Tl Zimt, 1 Eigelb zum Bestreichen, geriebene Zitronenschale

Mehl in eine Schüssel geben und eine Vertiefung eindrücken. Die weiche, in kleine Stückchen geschnittene Butter hineingeben. Zimt, Zucker, die geriebene Zitronenschale und die 3 Eier hinzufügen. Zu einem festen Teig vermischen. Wenn der Teig zu trocken wird, ein viertes Ei einschlagen. 12 Stunden an einem kühlen Ort ruhen lassen. Mit einer Teigrolle ½ cm dick ausrollen. Kleine Sterne, Halbmonde, Männchen usw. ausstechen.
Die Plätzchen auf ein gut gebuttertes Backblech legen und mit Eigelb bestreichen. 15 Minuten bei mittlerer Hitze backen.

Anis Bretla

Vorbereitungszeit: 40 Minuten
Ruhezeit: 12 Stunden
Backzeit: 15 Minuten

500 g Mehl, 400 g Puderzucker, 6 Eier, 25 g Aniskörner

Eier und Zucker in einer Schüssel mit dem Schneebesen so lange schlagen, bis der Zucker sich vollständig aufgelöst hat. Dieser Vorgang dauert mindestens 20 Minuten.
Das Mehl in die dichte Schaummasse sieben und die Aniskörner hinzufügen.
Eine Teigspritze mit einer runden Tülle mit dieser Schaummasse füllen.
Einige Backbleche gut buttern und mit Mehl bestreuen. Dann den Teig in kleinen Häufchen daraufspritzen. 12 Stunden an einem warmen Ort ruhen lassen.
15 Minuten bei mittlerer Hitze backen. Darauf achten, daß sich die Oberfläche nicht braun färbt.

Schenkelés

Vorbereitungszeit: 30 Minuten
Backzeit: 4 bis 6 Minuten

125 g gemahlene Mandeln, 125 g ausgelassene Butter, 250 g Puderzucker, 450 g Mehl, 4 Eier, 1 kleines Glas Cognac
Außerdem: 175 g Zimtzucker, Erdnußöl
Dazu empfohlener Wein: Gewürztraminer, Riesling

Die gemahlenen Mandeln mit dem Zucker vermischen. Eier, Cognac und die zerlassene, lauwarme Butter hinzufügen.
Gut verarbeiten, bis ein gleichmäßiger Teig entstanden ist. Nach und nach das Mehl hinzufügen, um den Teig zu verdichten, bis er nicht mehr an den Händen klebt. Ist er gut und glatt durchgeknetet, ausrollen und in fingergroße Stäbchen schneiden. 4 bis 6 Minuten in einer Friteuse in heißem Erdnußöl fritieren.

Wenn die Stäbchen goldgelb sind, aus dem Topf nehmen und mit einem saugfähigen Papier abtupfen. Auf einer Platte anrichten und reichlich mit Zimtzucker bestreuen. Kalt servieren.
Die Schenkelés sind eine ausgezeichnete Nachspeise, können aber auch zum Apéritif und zum Tee gereicht werden.
Wie das Weihnachtsgebäck werden die Schenkelés im Dezember, aber auch zum Aschermittwoch gegessen.

Vanilleeis

Vorbereitungszeit: 10 Minuten
Kochzeit: 20 Minuten

4 dl Milch, 2 dl Sahne, 8 Eigelb, 200 g Zucker, 1 Vanillestange

Die Milch mit der Vanillestange in einem Kupfertopf erhitzen.
Wenn die Milch kocht, die Sahne zugießen und wieder zum Kochen bringen. Einige Minuten ziehen lassen.
Das Eigelb mit Zucker schaumig rühren, Milch hinzufügen, gut verrühren. Die Schaummasse in einen Kupfertopf füllen und unter ständigem Rühren mit einem Holzspatel langsam erhitzen. Sobald die Creme zu steigen beginnt und am Spatel haftet, vom Feuer nehmen und durch ein Haarsieb in eine Schüssel streichen. Rühren, um das Erkalten zu beschleunigen.
Die Creme in die Eismaschine füllen und gefrieren.

Kleine Windbeutel, gefüllt mit Vanilleeis

Vorbereitungszeit: 20 Minuten
Backzeit: 30 Minuten

Windbeutelteig:
¼ l Wasser, 100 g Butter, 1 Prise Salz, 20 g Zucker, 125 g Mehl, 4 Eier, 1 l Vanilleeis, 3 dl Schlagsahne, 50 g Glasierzucker, 2 dl Schokoladensauce, 5 cl Kirschlikör
Dazu empfohlener Wein: Gewürztraminer

Wasser, Butter, Zucker und Salz in einen Schmortopf geben. Zum Kochen bringen, Mehl zuschütten, gut verrühren. Diesen Teig auf dem Feuer unter ständigem Rühren eintrocknen lassen. Wenn er sich leicht vom Topf löst, vom Feuer nehmen.
In den noch warmen Teig die Eier – eins nach dem anderen – einarbeiten. Anschließend gut durchkneten.
Den Teig in eine Teigspritze mit mittelgroßer Tülle füllen und kleine Windbeutel auf ein gebuttertes Backblech spritzen. Berechnen sie 6 Stück pro Person.
Bei mittlerer Hitze 30 Minuten backen und abkühlen lassen. Jeden Windbeutel mit einem Messer auf einer Seite aufschneiden und mit Vanilleeis füllen (Vanilleeis: Rezept siehe S. 237). Auf einer Platte anrichten, mit Kirschlikör begießen und die Schokoladensauce darübergeben. Mit Schlagsahne garnieren.

Erdbeer-Sorbet

Vorbereitungszeit: 20 Minuten

800 g Erdbeeren, 400 g Zucker, 3 dl Wasser, Saft von 1 Zitrone und 2 Orangen

Zucker und Wasser 2 Minuten kochen. Diesen Sirup kalt werden lassen.
Die gereinigten Erdbeeren im Mixer pürieren.
Das Erdbeermus durch ein Haarsieb streichen, mit dem Sirup vermischen, Zitronen und Orangensaft dazufügen.
Die Sirupwaage sollte 18–20° anzeigen. Notfalls durch Zugabe von etwas Wasser bis auf diese Marke senken.
In die Eismaschine geben und gefrieren.

Sorbet mit Gewürztraminer-Trester

Vorbereitungszeit: 20 Minuten

400 g Zucker, 3 dl Wasser, 2 dl Wein (Gewürztraminer), 1 dl Trester (»marc«) von Gewürztraminer

Zucker und Wasser 2 Minuten kochen. Diesen Sirup kalt werden lassen.
Sirup und Wein vermischen. Die Sirupwaage soll etwa 18° anzeigen. Notfalls durch Zugabe von etwas Wasser bis auf diese Marke senken. Die Mischung in die Eismaschine geben und, wenn sie anfängt, fest zu werden, den Trester dazugießen und weiter gefrieren.
Das Sorbet in Gläsern oder Silberkelchen servieren, garniert mit Chasselas-Weintrauben, die in Trester von Gewürztraminer mariniert waren.

Eisauflauf mit Kirschwasser

Vorbereitungszeit: 30 Minuten
Ruhezeit: 3 Stunden

6 Eigelb, 2 dl Sirup, 1½ dl Wasser, 150 g Zucker, 1 dl Kirschwasser, 5 dl Sahne, 100 g eingemachte Herzkirschen, 1 Bogen Aluminiumfolie, Kakaopulver

Vorbereitung der Formen:
Sie können eine große Form oder mehrere kleine Förmchen benutzen.
Die Formen mit Aluminiumfolie, die ihren Rand ungefähr um 4 cm übersteigt, umkleben. Die Kirschen in kleine Stückchen schneiden und in einem Glas Kirschwasser einweichen.
2 dl Wasser mit 200 g Zucker erhitzen und kurz aufkochen lassen. Diesen Sirup heiß über das Eigelb schütten und heftig schlagen. Die Mischung auf dem Herd bei geringer Hitze weiter zu einer gleichmäßigen Masse schlagen. Vom Ofen nehmen und weiterrühren, bis sie vollständig erkaltet ist. Kirschwasser, Herzkirschen und zum Schluß die steifgeschlagene Sahne dazugeben.
Diese Schaummasse in die Formen füllen, so daß sie den Rand um 3 cm überragt. Mindestens 3 Stunden in den Kühlschrank stellen.
Vor dem Servieren die Folie entfernen. Mit Kakao bestreuen und auf einer mit Spitzenpapier ausgelegten Platte anrichten.
Dies ist eine festliche Nachspeise.

Eismeringe mit Erdbeeren

Vorbereitungszeit: 2 Stunden
Backzeit: 1 Stunde 30 Minuten

Es empfiehlt sich, das Vanilleeis und das Erdbeer-Sorbet am Tag zuvor herzustellen.
3 Meringenböden (15 cm Durchmesser), hergestellt mit 6 Eiweiß und 250 g Grieszucker, 5 dl Vanilleeis (s. Seite 237), 5 dl Erdbeer-Sorbet (s. Seite 239), 5 dl Sahne, 75 g Grieszucker. Eine Schale gewaschene und gereinigte Wald- oder Gartenerdbeeren.
Für die Meringenböden:
6 Eiweiß zu steifem Schnee schlagen, mit einer Holzspatel vorsichtig den Zucker unterziehen.
Den Meringenteig mit einem Spritzbeutel (ca. 16 Durchmesser) auf einem gebutterten und leicht mit Mehl bestäubten Blech anrichten und bei 100° 1 bis 1½ Stunden backen.
Füllung der Meringen:
Die Sahne zu Schlagrahm schlagen und zuckern. Auf einer Kuchenplatte über einen El Schlagrahm einen Meringenboden legen, darüber mit einer Spatel das Vanilleeis verteilen, den zweiten Meringenboden darüberlegen; auf diesen kommt das Erdbeer-Sorbet und darauf der dritte Meringenboden.
Das Ganze mit Schlagrahm bedecken und verzieren, dazu noch einige Erdbeeren.
Die Meringe kann vor dem Essen fertiggemacht, in den Kühlschrank gestellt und zum Servieren mit Erdbeeren garniert werden.
Eine Schale mit Erdbeeren gesondert servieren.

»Quittenschnitten«

Vorbereitungszeit: 24 Stunden
Backzeit: 1 Stunde 30 Minuten

Die ungeschälten Quitten in Stücke schneiden und in einen Marmeladenkessel (aus unverzinntem Kupfer) legen.
Zugedeckt kochen mit ein wenig Wasser, gerade so viel, daß die Quitten nicht zusammenkleben. Die gekochten Quitten durch ein Sieb passieren und zuckern – soviel Quittenmus, soviel Zucker. Das Quittenmus im Kupfertopf einkochen, ständig umrühren. Das Mus soll dick werden. Es ist gerade richtig, wenn man beim Umrühren in der Spatelfurche bis auf den Topfboden sehen kann. Dann schüttet man das Mus auf eine Marmorplatte oder auf ein gezuckertes Blech, walzt es 2 cm dick aus und bestreicht die Masse mit Kristallzucker. Wenigstens eine Nacht lang muß das abkühlen und fest werden.
Dann schneidet man die Masse in Stücke (rhombenförmig oder rechteckig), wendet sie sorgfältig in Kristallzucker und läßt sie weiter fest werden. Man bewahrt diese Quittenschnitten in einer gut verschließbaren Dose auf, schichtet sie darin übereinander und legt zwischen jede Schicht ein Blatt Papier.
Es gab im Elsaß viele Quittenbäume, und die Quitte war stets eine sehr geschätzte Frucht.

APÉRITIFS

Kirschlikör · Magenbitter mit Bier · Schwarze Johannisbeeren in Alkohol · Kirschen in Kirschwasser · Himbeeren in Himbeergeist · Weintrauben in Gewürztraminer-Trester · Quittenlikör · Walderdbeerenlikör · Himbeerwein

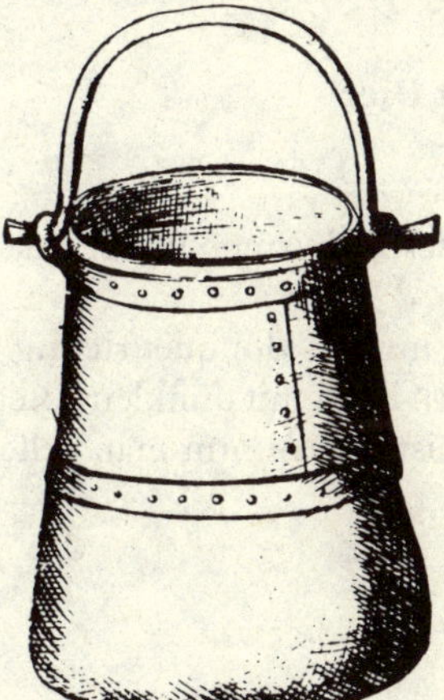

Kirschlikör

Typisch elsässisch.
Er wird vorzugsweise mit sehr kalten Zutaten hergestellt. So kann er ohne einen Eiswürfel und damit Wasser, das sich nur schlecht im Likör auflöst, getrunken werden.
In ein vorher gekühltes Apéritifglas vier Fünftel Kirschlikör füllen, dann langsam ein Fünftel Kirschwasser zugießen. Leicht umrühren. 1 Minute ruhen lassen.
Wenn Sie dieses Getränk richtig genießen wollen, schnuppern Sie zuerst den ausgezeichneten Duft, der dem Glas entsteigt, und trinken dann langsam in kleinen Schlucken. Ein anderer typisch elsässischer Apéritif, der weniger bekannt ist:

Magenbitter mit Bier

In einem Bierseidel 2 cl Amer Picon mit 33 cl sehr kalten Biers mixen.
Langsam trinken, um das Bouquet richtig genießen zu können. Dieser Apéritif kann mit dunklem Bier bereitet werden, das stärker ist. Meist aber nimmt man helles Bier dazu.

Schwarze Johannisbeeren in Alkohol

Zubereitung: 45 Minuten

Für ein 1½ l Einmachglas: 1 kg schwarze Johannisbeeren, 1 l 40%iger Alkohol, 250 g Puderzucker

Die schwarzen Johannisbeeren entstielen und alle beschädigten Beeren auslesen. Falls nötig putzen. Nicht waschen.
Die Früchte dann in ein ausgekochtes und sorgfältig abgetrocknetes Einmachglas füllen.
Den Alkohol kalt in einem anderen Gefäß mit dem Puderzucker verrühren. Wenn der Zucker sich vollständig aufgelöst hat, die Mischung in das Einmachglas gießen, so daß die Johannisbeeren bedeckt sind. Luftdicht verschließen. An einem schattigen kalten Ort ziehen lassen, mindestens zwei Monate lang.

Kirschen in Kirschwasser

Zubereitung: 20 Minuten

Für ein 1½ l Einmachglas: 1 kg Sauerkirschen, am besten Montmorency, 1 l 40%iges Kirschwasser, 250 g Puderzucker

Das Einmachglas auskochen und sorgfältig abtrocknen.
Die Kirschen waschen. Die Stiele 2 oder 3 cm über den Früchten abschneiden. Die Kirschen mit einem saugfähigen Papier sorgfältig trocknen.
Die Früchte abwechselnd mit dem Puderzucker in das Glas schichten, ohne sie zu drücken. Mit Kirschwasser bedecken. Luftdicht verschließen und ziehen lassen. Von Zeit zu Zeit überprüfen und, falls nötig, etwas Kirschwasser nachfüllen, damit das Obst gut bedeckt bleibt.
Mindestens drei Monate stehen lassen.

Himbeeren in Himbeergeist

Zubereitung: 15 Minuten

Für ein 2 l oder zwei 1 l Einmachgläser: 1 kg mittelreife Himbeeren, 1 l Himbeergeist, 300 g Puderzucker

Das oder die Einmachgläser auskochen und abtrocknen. Das Obst sorgfältig aussortieren, beschädigte Beeren entfernen. Nicht waschen.
Vorsichtig in das Einmachglas schichten; jede Schicht mit Puderzucker bestreuen. Mit Himbeergeist bedecken. Luftdicht verschließen.
Die Himbeeren setzen sich ein wenig, so können Sie nach ungefähr 15 Tagen noch ein oder zwei Schichten daraufgeben, mit Puderzucker bestreuen und mit Himbeergeist bedecken.
Mindestens 3 Monate vor dem Verbrauch ziehen lassen.

Weintrauben in Gewürztraminer-Trester

Zubereitung: 40 Minuten

Für ein 1½ l Einmachglas: 1 kg Weintrauben, weiße Chasselas oder rote Muskattrauben, 1 l Trester, 300 g Puderzucker

Das Einmachglas auskochen und sorgfältig abtrocknen.
Die Weintrauben waschen, abzupfen und alle beschädigten Trauben aussortieren.
Die Weintrauben einzeln in das Einmachglas schichten. Jede Schicht mit Puderzucker bestreuen. Mit Trester bedecken. Luftdicht verschließen.
An einem kalten, schattigen Ort 10 Tage vor dem Verbrauch ziehen lassen.
Wird hauptsächlich verwandt zum Servieren des Gewürztraminer-Trester (»marc«)

Quittenlikör

Für 3 l Likör: 2 Dutzend Quitten, 40%iger Alkohol, entsprechend der Obstsaftmenge, 600 g Zucker je Liter Obstsaft, 1 kleine Zimtstange, 2 bis 3 Gewürznelken

Wählen Sie sehr reife Quitten mit runzliger Haut.
Die Quitten putzen, Flaumhaare entfernen und vollständig raspeln.
Das erhaltene Fruchtfleisch in ein Gefäß geben und an einem kalten, schattigen Ort 3 bis 4 Tage ziehen lassen.
In einer Fruchtpresse oder einem rauhen Tuch soviel Saft wie möglich auspressen. Die Saftmenge genau abwiegen. In ein Einmachglas füllen und auf 1 l Saft exakt 1 l Alkohol, 600 g Puderzucker, eine kleine Zimtstange und 2 bis 3 Gewürznelken geben.
Luftdicht verschließen und 2 Monate an einem kalten Ort ziehen lassen.
Durchfiltern und in Flaschen oder Einmachgläser abfüllen, die sich luftdicht verschließen lassen.
Dieser Likör wird sehr kalt getrunken.

Walderdbeerlikör

Für ein 1½ l Einmachglas: 500 g Walderdbeeren, 500 g Puderzucker, 1 l 40%iger Alkohol, 2 dl Wasser, 1 Vanillestange

Die Erdbeeren sehr sorgfältig aussortieren.
In das Einmachglas füllen; mit Alkohol bedecken und die in zwei Teile aufgespaltene Vanillestange hinzufügen. Luftdicht verschließen und einen Monat ziehen lassen. Den Saft durch ein Tuch filtern.

Zucker mit wenig Wasser kurz aufkochen. Diesen Zuckersirup über den Erdbeerschnaps gießen. Mit einem Holzlöffel gut vermischen. In das Einmachglas gießen. Luftdicht verschließen. 2 bis 3 Wochen vor dem Verbrauch ruhen lassen. Dieser Likör wird sehr kalt getrunken.

Himbeerwein

Vorbereitungszeit: ca. 2 Stunden
Kochzeit: 30 Minuten

1 kg Himbeeren (wenn möglich Waldhimbeeren), 1 l Rot- oder Weißwein (Pinot oder Riesling), 500 g Puderzucker (für je 1 kg Flüssigkeit), 15 cl 90%iger Alkohol (für 2 l Flüssigkeit)

Die Himbeeren zerstossen, pro kg Beeren 1 l Wein darübergießen, an einem kühlen Platz 2 Tage ziehen lassen.
Die Mischung sorgfältig durchpassieren und durch ein Tuch streichen. Zu dem so erhaltenen Sirup pro kg Flüssigkeit 500 g Puderzucker hinzufügen.
Bei sehr kleiner Hitze zum Kochen bringen, ständig umrühren, damit der Zucker einzieht. 5 Minuten leicht kochen lassen und dann vom Feuer nehmen. Den Alkohol dazugießen (15 cl pro 2 l Flüssigkeit).
Kalt werden lassen, in gut ausgespülte Flaschen füllen und fest verkorken.
Vor dem Verbrauch wenigstens 3 Monate kühl und schattig lagern.
Man trinkt diesen Himbeerwein zum Apéritif oder zu den Nachspeisen.
Die wilden Himbeeren erntet man in den Vogesen auf einer Höhe zwischen 600 und 900 Meter.

REGISTER

Bitte beachten Sie
die folgenden Seiten:

Die Freud' des Essens

Ein kulturgeschichtliches Lesebuch

Herausgegeben von Herbert Heckmann

Ullstein Buch 20168

ein Ullstein Buch

Der Schriftsteller Herbert Heckmann kann kochen *und* schreiben. Dieser Doppelbegabung verdanken wir eine einzigartige Anthologie von Schilderungen der seltensten und der vertrautesten Genüsse aus den Küchen aller Zeiten und Völker. Nur ein so fröhlicher Esser und so spürsinniger Leser wie Herbert Heckmann konnte in teilweise verschollenen oder vergessenen Büchern und in Werken, in denen keiner etwas Schmackhaftes zu lesen vermutet hätte, alle jene Texte und Bilder finden, aus denen er dieses Buch zusammengestellt hat wie ein köstliches Gericht. Man sollte es nicht verschlingen, sondern genießen, sollte immer wieder darauf zurückkommen – um eine erlesene Delikatesse zu kosten oder sich Altvertrautes wieder zu Gemüte zu führen. Der Vorrat ist fast unerschöpflich – und einen Taler für den, der nicht satt wird!

Ruth Spira

Das chinesische Gesundheits-Kochbuch

Methoden, Rezepte, Zutaten

Ullstein Buch 4170

Ullstein Ratgeber

Die Chinesen sind sehr wählerisch, wenn es um ihre Ernährung geht.
Sie unterscheiden die Nahrungsmittel ausschließlich nach ihrem gesundheitlichen Wert. Im vorliegenden Band findet der Leser nicht nur eine Sammlung von Rezepten. Die Autorin widmet einen wichtigen Teil ihres Buches der Beschreibung, Verwendung und Wirkungsart einzelner Zutaten. Sie zeigt, wie man viele schmackhafte Gerichte ohne besonderen Arbeitsaufwand und ohne außergewöhnliche Küchengeräte zubereitet. Das Kochen nach chinesischen Rezepten ist nicht nur einfach und unkompliziert, sondern auch praktisch und kreativ.

Susanne
Lücke

Das europäische Brotbackbuch

Rezepte aus
Bauernbackstuben

Ullstein Buch 4147

Ullstein Ratgeber

Immer deutlicher zeichnet sich der Trend zum selbstgebackenen Brot ab. Schon gibt es fertige Backmischungen für diejenigen, die nicht mehr langweilig schmeckendes, manchmal schlecht durchgebackenes, feuchtes Brot essen wollen. Kerniger als die Produkte aus fertigen Mehlmischungen schmecken natürlich die Backwaren, die selbst hergestellt sind. Die Autorin hat auf vielen Reisen durch ganz Europa Rezepte gesammelt. Dabei zeigte sich, daß dies vielleicht eine letzte Gelegenheit ist, uraltes Kulturgut vor dem Vergessen zu bewahren.